日本の「政治改革」はどうあるべきか

現代の政治家、政党のあり方を問う

POLITICAL REFORM

伊藤達美
政治評論家／TATSUMI ITO

KKロングセラーズ

まえがき

令和四年（二〇二二年）八月から同六年（二〇二四年）六月の間、夕刊フジのコラム「ニュース裏表」（木曜日分）を担当する機会を得た。そこに掲載されたコラムと内外ニュース社「世界と日本」（七月一日号）に掲載された拙稿「派閥解消で自民党はどうなる」をテーマ別に再構成・加筆したものが本書である。

執筆を担当する一か月前、安倍晋三元首相が参院選の遊説中、凶弾に斃れる衝撃的な事件が発生した。その後、岸田文雄政権は安倍元首相の国葬儀をめぐる論争や、旧・統一教会と自民党との関係をめぐり、政権の存亡が危ぶまれるまで支持率を下げた。

それでも、歴史的な安保三文書改訂を成し遂げ、翌年の統一地方選や衆参補欠選挙、さらに広島サミットを乗り切ったことで支持率が回復、解散・総選挙が視野に入るところまで持ち直した。

しかし、秋に入ると支持率は再び低下、年末には派閥の政治資金パーティーの政治資金報告書への不記載問題が発覚した。二〇二四年の通常国会では、派閥解散や首相自ら衆議院政治倫理審査会に出席するなど、サプライズを演出したが、支持率を回復できないまま通常国会を終えた。

この間の様々な政治的な動きを題材に、「どうあるべきか」について私なりの所見をつづった。

岸田首相は同年八月一四日、総裁選不出馬を表明、政権の幕を閉じることになった。振り返れば、岸田政権は発足当初から低支持率だった。「期待感」のない政権だったといっていい。

自民党の政権復帰から一〇年以上が経過し、安倍政権や菅義偉政権に対する「飽き」や「嫌悪感」が高まっていた。そうした流れを岸田政権も受け継いだ。さらに、防衛力の増強やそれに伴う増税構想、原発再稼働やマイナンバーカードの急速な普及など、根強い反対論が存在する政策を進めようとしたことも支持率低下の要因となった。

今から思えば、昨年のしかるべき時期に解散して国民の信を確認しておくべきだった。

しかし、岸田首相はそうしなかった。おそらく、したくても「できなかった」のだろう。結局、「解散できない政権」との烙印を押され、政権の推進力を失うこととなった。

退陣の直接的な原因は、派閥の政治資金収入の不記載事件だが、それ以前に、解散できなかったことによる政局運営の行き詰まりがあったといえる。

本書に記した「政治の液状化」という言葉はリーダー不在でまとまりがなく、世論に迎合して右往左往する状況を表現するものとして使った。これまで「政治の流動化」という言葉はあったが、それ以上に流動性が高く、無原則に揺れ動く状態を形容したかった。

本稿は岸田文雄首相の後任を選ぶ自民党総裁選の真っ最中に執筆している。総裁選史上最多の九人が立候補した。派閥が解散したことにより、いつもより立候補者が多くなるとは予想していたが、いくらなんでも多過ぎだ。「自民党の新たな胎動」ということもできるが、実態は「統制がきかない自民党」というところではないか。まさに「液状化」が始まったといえる。

これまで「自民党一強」体制が批判されてきたが、その自民党が弱くなれば、「全弱」政治になるのは必然だ。そんな状態で、今後予想される様々な課題に対処することができるのか。そんな危機感を持っている。

こうしたなか、国民は賢くなければならないと思う。判断材料となる政治情報は溢れかえっている。しかし、情報が多すぎて、いったいどこに問題の本質があるのか、かえって見えにくくなっているように思える。

本書が政治の「筋道」を考える一助になれば望外の幸せである。

伊藤達美

目次

国会論

政治家論

政党論

岸田首相論

政局展望

メディア論

政治改革

国会論

参議院を揺るがすＮＨＫ党と、れいわ新選組（令和5・1・26）

背景に国会議員の立場に対する認識の低さ

「良識の府」参院が二つのミニ政党による言動で揺れている。

一つは昨年の参院選（比例区）で当選したＮＨＫ党のガーシー（本名・東谷義和）参院議員が、未だに登院していないことである。ガーシー氏本人の責任が重いのは当然としても、ガーシー氏を公認し、その対応を容認しているＮＨＫ党の立花孝志党首の責任はもっと重い。

二つ目は、れいわ新選組が体調不良を理由に辞職したタレント議員の残りの任期を昨年の参院比例選の得票数の順に、五人が交代で務めると発表したことである。

共通しているのは、国会議員という立場に対する認識の低さである。

れいわ新選組がはき違えているのは、選挙によって選ばれるのは「国会議員」だということだ。それは比例代表も同様で、有権者は政党名で投票する（参院選は政党名でも個人名でも投票できる）が、そこで当選した者は「全国民を代表する」議員となるのである。要するに、選ばれているのは議員「個人」であって、政党ではないということだ。

れいわ新選組の山本太郎代表は「多様で多彩なメンバーで、国民の負託に応えていくことを目指す」と述べているが、国民が選んだ国会議員という属人的な立場を党首が私物化してよいものか。

一方、ガーシー氏は「議員は召集詔書に指定された期日に、各議院に集会しなければならない」との国会法五条に対する明確な違反だ。

どちらのケースも法律上の明確な禁止事項や罰則はないが、だからといって何をしてもいいということにはならない。法不備の是正や懲罰による除名などの手段もあるが、そんなことをするまでもなく、両党首が認識を改めれば済む話ではないか。

憲法は国会議員に対して、その職務を十分に果たせるよう、歳費を受けとる権利など、様々な特権を認めている。それは民主主義を維持するためのコストといえる。

近年、「国会議員の歳費は下げるべきだ」とか「国会議員の数を減らせ」との議論が横行している。もちろん、歳費の水準や国会議員定数を総合的に検討していくことは否定しない。しかし、「働きが悪い」からといって、国会議員の立場を弱めるような方策は、かえって「劣悪な国会議員」を生み、悪循環を招くことになりかねない。

国会議員の働きが悪いのであれば、「もっと働け」と叱咤するのが正しいやり方であって、国会議員の立場そのものを否定したり軽んじたりすることはけっして良い結果を生まない。今回の二つの事案に、「国会議員など、だれがやっても同じ」、「国会審議なんか、出ても出なくても関係ない」といった類の世論が背景にあるとすれば、日本の民主主義は相当な危険水域にあるといわなければならない。

看過できない不適切な駐日米大使発言（令和5・5・18）
内政干渉に対抗した「山崎猛首班事件」に学べ

ラーム・エマニュエル駐日米大使は五月一二日、SNS上で、一五の国と地域の在日外国公館の大使らが出演する動画を投稿し、「LGBTを含めた多様な性コミュニティーを支援し、差別に反対する」と呼びかけた。

エマニュエル氏は一日付の東京新聞でも同性婚について「早期法制化を」と主張。三日付朝日新聞でもジェンダー平等や性的少数者の権利保護について「日本政府が、地方自治体や世論に追いつくことを望む」と述べ、わが国政府の姿勢を暗に批判した。

米国の意思というより、個人的な趣向なのかもしれないが、駐日大使という立場をわきまえない、極めて不適切な発言と言わざるを得ない。

わが国は今まさに、LGBT理解増進法案の詰めの議論を行っている。その最中に、外国の大使がこのようなメッセージを発することは、わが国に法制定するよう圧力をかける趣旨と受け取られても仕方がない。「内政干渉」そのものであり、看過できない。

かつて、わが国には米国の内政干渉に身を挺して対抗した政治家がいた。

一九四八年、いわゆる「幻の山崎猛首班」事件の山崎猛衆院議員だ。

政財官から多数の逮捕者が出た贈収賄汚職事件「昭電疑獄」で芦田均内閣が退陣した後、後継首班は吉田茂自由党総裁が有力視されていた。

しかし、吉田氏の「保守的」な政治姿勢を嫌った連合国総司令部（GHQ）は、幹事長だった山崎氏を首班とするよう画策。首班指名に介入してきたのである。

山崎氏はこれに対抗するため、議員辞職願を議長に提出。首班指名をうける資格を失うことによって、GHQの目論見を粉砕した。自らの議員バッジを外すことで、内政干渉からわが国議会政治を守った。

政治家である以上、一度は首相をやってみたいと考えても不思議ではなかったはずだ。しかし、山崎氏はそうしなかった。その見識と矜持に頭が下がる。

内政干渉は、その内容にかかわらず否定されなければならない。「吉田氏、山崎氏のどちらが首相としてふさわしいか」ではない。内政干渉そのものを成就させてはならない、という思いだったのではないか。

この故事にならえば、これ以上、エマニュエル氏からの内政干渉発言が続くようだと、LGBT理解増進法案を成立させるわけにはいかなくなるのではないか。日本が、大使の発言に屈していないことを証明するためには、同法案を成立させないことが一番、分かりやすい。

もし成立させれば、「同大使の発言に影響を受けていない」「国民の自主的な判断だ」と抗弁しても、「圧力に屈した」と受け取られてしまうだろう。それは日本として、受け入れられない屈辱ではないのか。

それほど重大で不適切な発言をしたエマニュエル氏には謝罪を求めたい。

国会議員はＬＧＢＴ理解増進法の「結果」に責任持て（令和５・６・29）

不都合あれば直ちに廃止または改正を

性的マイノリティへの理解を促す「ＬＧＢＴ理解増進法」が成立した。

率直に言って、筆者は同法に反対である。はたして同法成立を心底から喜んでいる人はどれくらいいるのだろうか。「ＬＧＢＴへの理解増進に異論は唱えられない」という「得体のしれない空気」が誰も歓迎しない「妥協の産物」を成立させたとの思いを禁じ得ない。

同法については昨年、超党派議連がまとめた際、「性的指向および性自認を理由とする差別は許されない」という文言に対して「差別の対象が明確でない」との疑問が多数出されていた。成立に当たって「ジェンダーアイデンティティを理由とする不当な差別はあってはならない」との表現に修正されたが、疑問が払しょくされたとは言い難い。

差別の定義があいまいである以上、悪意ある男性が同法を悪用して女性専用スペースに入り込む懸念も解消されない。修正により「すべての国民が安心して生活できるよう留意する」との条文が追加されたが、「当事者が『不安』の対象にされかねず、かえって理解を妨げる根拠になる可能性もある」との声も上がっている。

学校などで子供の理解を増進・啓発することにも不安がある。はたして精神的に未熟な生徒にＬＧＢＴへの理解をきちんと教育できるのか。これに乗じて過激な主張をする団体などが教育現場に介入する危険性はないのか。心配は尽きない。

法律には自民・公明両党と日本維新の会、国民民主党の四党が賛成した。ただ、自民党議員のなかには棄権する議員も見られた。一方、立憲民主党と共産党、れいわ新選組などは反対した。しかし、入管法採決の時のような激しい抵抗はせず、粛々と採決に応じたのは、「成立は認める」との意思表示だろう。

わざわざこのようなことを記すのは、棄権も含め、採決に参加した議員はこの法律の行く末に責任を持ってもらいたいからだ。「責任を持つ」とは他者を批判することや、辞任を要求することではない。立法の意図と異なる不都合があれば、自らが、直ちに廃止するなり、改正するなりの行動を起こすべきという意味だ。

自民党の一部から同法採決に当たって「党議拘束を外すべき」との意見もあった。しかし、筆者は自民党執行部がそれに応じなかったのは、せめてもの救いだったと考えている。臓器移植法は党議拘束を外したために各党が責任を持てなくなってしまった。結果として、法律に不都合があっても党として対応ができず、法改正がなかなかできない背景となっている。その二の舞を踏んでほしくない。

法律を成立させることだけが国会ではない。間違った法律を正すのも国会の重要な仕事だ。「結果責任」とはそういうことではないのか。

健全財政か積極財政か（令和5・6・30）
各党は〝骨太〟な経済論戦を

臨時国会が二〇日、召集される。今国会の焦点は何といっても「経済対策」だ。岸田文雄首相はすでに、①物価高対応②賃上げ③国内の投資促進④少子化対策⑤安全・安心確保を柱とする経済対策の作成を指示した。

今月中にも政府案を取りまとめ、補正予算案を国会に提出し、早期成立を目指す方針を表明している。

一方、野党はどうか。

立憲民主党は「インフレ手当」と銘打つ現金給付などを盛り込んだ経済対策をまとめるようだ。「景気はデフレを脱却して、インフレ状態にある」との認識なのだろう。

岡田克也幹事長も「物価を抑えるはずの総合経済対策が物価を高騰させることになりかねない」として、大規模な経済対策に慎重姿勢を示す。

国民民主党は「積極財政」の立場だ。一一日に決定した同党の経済対策案の規模は「一五兆円以上」。消費税率を五％に引き下げ、所得税、ガソリン税、法人税も含めた四つの「生活減税」などが中心となる。財源は税収増などで賄うとしているが、減税となれば、一年ごとに税率を上下させるわけにもいかない。来年度以降は、赤字国債でも構わないということなのだろう。

日本維新の会は、社会保険料の引き下げなどを念頭に、一〇兆円規模の経済対策案をまとめたという。馬場伸幸代表は一一日、政府与党が検討する経済対策について「あまりパッとしないなという感じだ」と批判しただけに、維新案の内容も問われよう。

日本経済の状況をどう認識し、どのような手を打つべきかについては、専門家の間でも大きく見解が分かれる。

例えば、財政出動の根拠となる「需給ギャップ」についても、「需要を刺激すべき局面ではない」との見方があれば「需給ギャップは解消されていない」との意見もある。

経済対策の財源についても主張は割れている。

「先進国最悪の借金財政の状況から、本当に必要で効果のある対策に絞るべきだ」との主張がある一方、「日本の財政状況は破綻寸前という認識は誤り」「赤字国債を発行して、大規模な減税や給付を行うべきだ」との訴えもある。

論者によって真逆の〝処方箋〟が示される中で、各党は、どのような現状認識に基づいて「対策」を打ち出すのか、明確にすることが求められる。

「物価高で国民は困っている。何とかしろ」と、単純に政府を批判するだけでは議論は深まらない。国論が分かれているときこそ、国会が果たすべき役割は大きい。経済政策への国民の関心が高まっているだけに、各党の骨太な論戦を期待したい。

需給バランスで各党の認識に違い（令和5・11・2）
岸田首相批判では一致するも、反対理由は正反対

臨時国会で経済政策に関して活発な論戦が繰り広げられている。このような骨太な政策論議が行われる国会は久しぶりではないか。

特に、岸田文雄首相が所信表明演説で「経済、経済、経済」と連呼したのを受け、代表質問で、立憲民主党の泉健太代表が「給付、給付、給付」、日本維新の会の馬場伸幸代表は「改革、改革、改革」、国民民主党の玉木雄一郎代表も「賃上げ、賃上げ、賃上げ」と応じたやり取りを興味深く聞いた。

日本経済の現状、とりわけ需給ギャップに対する各党首の認識の違いが端的に表れていると感じた。

岸田首相は「新しい経済ステージに向けた確かな息吹が生まれてはいるものの、国民の

消費や投資動向は力強さに欠ける」との認識を示した。要するに、需給ギャップは回復しつつあるものの、後戻りをしかねない状況にあると見ているということだ。それが、所得減税も含め、「あらゆることをやる」と、前のめりの経済対策をまとめようとの姿勢につながっている。

これに対して、立憲民主党と日本維新の会は、「デフレ脱却」を通り越してインフレ懸念まで見え始めているとの認識だ。だから、過度の経済対策は更なる物価高を招きかねないとして、むしろ、経済対策は限定的であるべきとの立場だ。

立憲民主党がこだわるのは、対策の重点化とスピード感だ。所得税減税は「バラマキ」であり、実施が遅れるので反対。「給付」なら、それができる。だから、「給付、給付、給付」となる。

「改革」を叫ぶ日本維新の会は「日本経済は穏やかな回復基調に乗りつつある」と経済の現状を最も楽観的にとらえる。こうしたなか同党が主張するのは社会保険料の減免やひとり親世帯への給付など。低所得者層対策や、現役世代の可処分所得を増加させるなど、経済や財政の構造改革こそ重要との考え方なのだろう。

これと反対に国民民主党は、需給ギャップは解消していないとの認識だ。そのために、所得税、消費税、法人税、石油税などの減税が必要と訴える。対策の規模は一五兆円。立憲民主党が七兆円規模、日本維新の会が一〇兆円規模としているのに対してかなり大きい。デフレ脱却への方向性は岸田首相と同じだが、その危機感が「足りない」として批判を強める。

各党とも岸田首相がまとめようとする経済対策に疑問を呈する点では一致しているが、その認識と処方箋のベクトルは正反対だ。

重要なのは、国会論戦を通じて各党の主張の違いが明らかになることで、論点が整理され、やがて一つの方向性が見出されていくことだ。これが民主主義のプロセスであり、国会に期待されているところではないか。

各党とも、今後さらに深堀りした論戦を繰り広げてもらいたい。

デフレ脱却こそ今年の最大課題（令和6・1・4）
与野党は「政治改革も、デフレ脱却も」との精神で

新しい年、令和六年が明けた元旦早々に石川県輪島市を中心とした震度七強の大地震が発生した。被災者の方々には心からお見舞い申し上げます。

さて、昨年末から政治報道は政治資金の問題で持ち切りだが、日本全体からみれば、今年の最大課題は、やはり、日本経済がデフレから脱却できるかどうかだろう。

日本がデフレに陥ったのはバブル崩壊が原因だ。以来、三〇年余にわたって日本経済を苦しめてきた。政治の分野でもこの間に多くの内閣が成立しては消えていった。小泉内閣と安倍内閣を除いては、おおむね短命政権だった。退陣の直接的な理由はそれぞれだが、その背景にはデフレとの激しい戦いがあったといっていいだろう。

バブル崩壊に伴う経済の異変に最初に問題意識を持った首相は宮澤喜一氏だった。密か

に公的資金の投入による不良債権処理を模索したものの、実現には至らなかったとされる。当時の政治的関心はリクルート事件に端を発する政治とカネの問題だった。宮沢内閣後に成立した細川護熙、羽田孜両内閣時代、政治エネルギーの大部分は政治改革論議に費やされ、バブル崩壊や不良債権への関心は希薄だった。

この問題が政治の場で本格的に議論されたのは「住専問題」だった。社会党の村山富市氏を首班とする自民、社会、さきがけの三党連立政権がこの対応に当たった。さらに、橋本龍太郎、小渕恵三両内閣の時代は不良債権を原因とする大手銀行の経営破綻が相次いだ。「放漫経営のツケを税金で救済するのはけしからん」との世論が大多数だったが、自民党は自由、公明両党と連携してこれを乗り切った。それが現在の自公連立政権に続いている。その後、小泉純一郎内閣は「構造改革」を掲げて不良債権処理に取り組んだ。一時は回復の兆しが見えたものの、麻生太郎内閣発足直前にリーマンショックが日本経済を直撃。麻生内閣はボロボロに批判されて政権交代につながった。しかし、民主党政権も短命内閣が続き、途中、東日本大震災が発生して景気はさらに低迷した。

自民党の政権復帰後、第二次安倍内閣は、いわゆる「アベノミクス」を推進した。しかし、デフレ脱却には至らず、新型コロナの蔓延で頓挫した。

今、再びデフレ脱却のチャンスを迎えている。岸田首相は昨年の経済対策に続き、来年度予算の早期成立をはたして「賃上げと成長の好循環」を目指す構えだ。

奇しくも、三〇年前と同じく政治とカネの問題がクローズアップされている。政治とカネの問題を解決するのは当然だが、「政治資金改革か、デフレ脱却か」ではなく、「政治資金改革も、デフレ脱却も」との精神で臨むべきだ。

デフレ脱却に失敗して困るのは国民だ。与野党は協力して、今度こそ、デフレ脱却を果たしてもらいたい。

「出直し解散」のススメ（令和6・1・25）
このままでは事実上の政治空白が続くばかり

「政治とカネ」の問題をめぐり国民の政治不信が高まっている。岸田首相は岸田派の解散に踏み込んだほか、自ら本部長を務める自民党の政治刷新本部で、派閥のあり方や政治資金規正法の改正方向をまとめた。しかし、これによって国民の批判が収まるかといえば、そうはならないだろう。

捜査の結果、起訴されなかったとしても、政治資金パーティーの収入を収支報告書に記載しなかった事実は変わらない。法的な責任を免れたとしても、その政治的・道義的な責任からは逃れられない。そんな政治家がいくら改革案をとなえても信用されないのも当然だ。

他の政策も同様だ。岸田首相は昨年来、「先送りできない課題の解決に取り組む」と繰り返し表明してきた。確かに、わが国に多くの課題が山積している。しかし、信用のない政治家がどんな政策を唱えても説得力がない。まさに「信なくば、立たず」だ。

この局面を打開するには、もはや「出直し解散」しか方法はないのではないか。ただ、来年度予算を成立させないまま解散すると国家運営に支障が生ずる。また、予算執行に不可欠な法案や、国民生活に支障が生ずる「日切れ法案」の処理も必要だ。そうしたことを考慮すると、予算成立後になってしまうのはやむを得ないかもしれない。しかし、できるだけ早く国民の審判を仰がなければ、新たなことを決められない政治の機能不全が続くばかりだ。

過去には、「行政改革法案等の成立後、解散」との与野党合意に基づいて行われた、いわゆる「田中元首相有罪判決」解散（一九八三年）といった例もある。与野党が人心一新の必要性を認めれば、予算審議を前倒しすることも可能ではないか。

自民党内には「与党が勝てない時期に解散する必要はない」との声があるかもしれない。しかし、本来、「解散」制度は、民意を反映すべき衆議院が、実際の民意と異ならないようにするための制度だ。与党が選挙に勝てないからといって先延ばししてよいものではない。

あるいは、総裁を交代させたうえで解散すべきとの考えもあるかもしれない。しかし、仮に新総裁で解散して負けた場合、その責任を新総裁に押し付けるのか。やはり、現在の状況を招いた岸田首相が解散し、その結果に応じて責任を取るのが常道ではないか。

解散が見えていれば、疑惑を受けた議員の釈明も真剣味を帯びざるを得ない。有権者の心に響かなければ、国会に戻ってくることはできない。いい加減な説明はできなくなる。

あとは国民がどう判断するかだ。野党に期待して政権交代させるか、自民党の立ち直りを期待するか。

国民の審判によって、次の政治の流れが決まっていく。それが憲法の制定する議会制民主主義ではないか。

予算成立後、早急に解散して国民の声を聞け（令和6・2・22）

維新・岩谷議員の予算委質疑に同感

二月一四日の衆院予算委員会で、日本維新の会の岩谷良平議員と岸田首相との間で次のようなやり取りが行われた。

岩谷議員：裏金を認めた議員がいまだにバッジをつけて仕事をしている。そのことを有権者がどう思っているか想像すべきだ。国内外で非常に重要な局面を迎えているなか、自民党の「政治とカネ」の問題で政治が停滞し、行政が停滞し、政策が前に進まない。局面を打開し、政策を前に進めるために衆院を解散して国民の信を問うべきだ。そういう選択肢を検討するつもりはあるか

岸田首相：今、国の内外において、震災対策であったり、厳しい国際情勢であったり、デフレ脱却であったり、様々な課題が山積している。政治の信頼回復とともに、目の前の課題に専念する。これが我々に与えられた課題だと考えている。その先については考えて

いない。

岩谷議員の言う通りだと思う。筆者は一月二五日の当欄で「出直し解散」を提唱したが、全く同じ問題意識だ。

予算委員会の審議を見ても、議論すべき政策課題は山ほどあるにもかかわらず、来る日も来る日も「政治とカネ」の問題ばかりが報道されている。まさに岩谷議員が指摘する「政治が停滞し、行政が停滞し、政策が前に進まない」状態といっていいのではないか。

これに対して岸田首相は従来通りの「紋切り型」答弁に終始した。確かに、この時点で解散を示唆するような発言ができないのは理解できる。もし、そのような発言をすれば、来年度予算の審議が進まなくなってしまうおそれがあるからだ。

そうだとしても、解散先送りは限界に達しつつあるのではないか。現在のような状態では新たな政策機軸や大きな政治決断をすることはできない。むしろ、新たなことをやろうとすれば、かえって国民の不信を増大させる可能性がある。岸田首相が、「清水の舞台から飛び降りるような」気持ちで下したであろう派閥解消のイニシャチブも「選挙目当て」「延命工作」と批判されるのはそのためだ。

与党の中には「国民の信を問うのは信頼回復をした後」との意見もあるが、疑惑を持たれた議員によって作られた改革が、果たして国民の信頼を得られるだろうか。やはり、選挙で国民の信を得られた議員だけで構成された国会で成立したものでなければ、どんな改革案も説得力を持たないだろう。

もちろん、当選したからと言って、「禊《みそぎ》完了」というわけではない。しかし、まずは、選挙の洗礼を受けるところから始めなければ、次の議論には進めない。

予算が成立次第、早急に解散して国民の声を聞く。政治の信頼回復の第一歩はそこからではないか。

政倫審での事実解明には限界あり（令和6・3・7）
これ以上事務総長経験者を追求しても得るところなし

旧安倍派の事務総長を経験した西村康稔、松野博一、塩谷立、高木毅の四氏が衆院の政治倫理審査会（政倫審）に出席し、同派政治資金パーティーの政治資金収支報告書への不記載について「関与していない」と弁明した。

「真相を語らないのは不誠実」と批判されているが、派閥運営の実態を考えると、四氏が知りえる立場になかったというのは、少なくとも事実だろう。

派閥とは本来、総裁を目指す政治家（領袖）が、「子分」を養い、来るべき総裁選に備えるために組織するものだ。派閥を運営するための資金は領袖が準備するもので、幹部から拠出金を集めたにしても、基本的には領袖の「個人の財布」という性格が強い。その管理は「金庫番」と呼ばれる領袖が、最も信頼を置く秘書が行っていた。最近は事務局長などと呼ばれるようになったが、領袖の秘書が他議員に財布の中身を相談することは、その性格上、まず「ない」といっていい。

また、「事務局長」と「事務総長」は、名前が似ていることから職務上の上下関係があるかのように理解されているが、全く違う性格のものだ。

事務総長は、もともとは、若手議員の派閥幹部への登竜門的なポストで、かつては「若頭」などと言われていたこともある。「事務総長」といった大げさな職名になったのは、派閥が政策勉強会に衣替えしたころからではなかったか。

野党の質問者は「派閥事務総長という枢要の地位にありながら、『知らない』とは信じがたい」と執拗に追及したが、自民党の質問者はそのことにあまり興味を示さなかった。こうした派閥の実態を知っているからだろう。

今回の事件で、少なくとも明らかなのは、所属議員がノルマを超えて販売したパーティー収入を、その議員に還付《キックバック》するという手法は、派閥や領袖の「裏金づくり」のためではなく、資金力の小さい所属議員のための支援システムだったということだ。要は、当選間もない議員に、派閥の「看板」を貸して、政治資金調達の道を開くことに主眼があったといえる。

キックバック自体は違法でも何でもない。問題は、それを収支報告書に記載しなかったことだ。その理由は派閥の会計責任者から「記載してはいけない」と指示されたからだという。古くからの慣例だったというが、初めに指示した人は誰で、どのようないきさつだったのか。その点が事件の核心だろう。

しかし、政倫審は事実解明の機関ではなく、疑惑をかけられた議員の弁明の場でしかない。もともと事実解明には限界があったというべきだろう。

四氏の派閥幹部としての政治責任は当然だが、事実解明の証人としては、これ以上追及しても得るところは少ないのではないか。

改めて「出直し解散」を提唱する（令和6・3・21）
これ以上は有権者の判断に

国会は衆参両院の政倫審でいつまで「捜査ごっこ」をやるつもりか。弁明のために出席した議員に対して、さしたる根拠を示さずに、「正直に白状しろ」と凄んでみても、「はい、私がやりました」と答えるはずがないではないか。

政倫審をフルオープンで行うことに決まったときから、こうなることは分かっていた。結局、弁明議員に対して大声を上げるための舞台装置でしかなかったということだ。

もし、完全非公開なら、「あなたが知らないなら、誰が知っていると思うか」と質問すれば、本音や推測を語ることも期待できたかもしれない。しかし、公衆の面前では揚げ足をとられないよう口を閉ざすばかりだ。

これからも弁明したい議員は出てくるかもしれないが、これ以上審議を重ねても無意味だと思う。そもそも、国会は捜査機関ではない。これ以上の真相解明は検察や裁判所に任せてよいのではないか。

それよりも急がれるのは解散・総選挙だ。筆者は当欄で「出直し解散」を提唱してきたが、機能不全に陥った政治の現状を見るにつけ、ますますその思いを強くする。一刻も早く、国民の審判を受けた議員による国会にする必要がある。

「解散より信頼回復が先」との意見もあるが、疑惑議員が多数存在する国会でどんな再発防止策をまとめたところで信頼は得られない。他の政策課題も同様だ。国民の信頼を失っている国会が、意見が大きく分かれる問題を多数決で決めていくことができるのか。やはり、選挙の洗礼を受けた議員による国会でなければ、どんな決定をしても国民に対する説得力を持ちえないだろう。

与党の一部からは「こんな時期に選挙するとボロ負けするから、選挙は先送りすべき」とか「岸田首相を引きずりおろして、新しい首相で選挙すべき」との意見も聞こえてくる。しかし、そのような迂回策は、かえって国民の不信を増幅するばかりだ。

選挙になれば、疑惑を受けた議員は、有権者に対して真剣に弁明せざるを得なくなる。どう言い訳しようと、有権者に聞き入れられなければ落選する。一方、追及する側の議員だって安泰ではない。もしかすると「疑惑追及より、もっと他にやることがあるだろう」ということになるかもしれない。それも有権者の判断だ。

民主主義は明るくなければならないと思う。筆者には国会議事堂の一室で、互いの人格をなじりあう姿は陰湿に見える。「もううんざりだ」との思いを禁じ得ない。それより、街頭の陽の光の下でオープンに論戦を交わしたほうが、よほど健全ではないか。

すべては有権者の判断だ。どんな結論が出ようと「恨みっこなし」というのが選挙の前提だ。閉塞した政治状況を打開する道はそれ以外にないのではないか。

証人喚問要求より野党は政権の受け皿づくりを（令和6・3・28）

昭和初期の「泥仕合」の轍を踏むな

野党は政倫審での弁明を不服として、衆参で安倍派幹部ら一〇人の証人喚問を要求した。「証人喚問は偽証罪に問われるから虚偽答弁はできない」との理由だ。

しかし、偽証罪に問うには精緻な事実の積み重ねが必要だ。国会は捜査機関ではない。証人喚問で真相解明ができると考えるのは幻想だ。「派閥幹部だから知っているはずだ」程度の質問をいくら繰り返しても、結果は政倫審と同じだろう。

昭和初期、政友会と民政党が政策論争そっちのけの「泥仕合」と言われる批判合戦を展開した。当時、政権に失策があった場合、政権交代させるというルールがあった。このために反対党を貶《おとし》めれば政権が手に入るとの党利党略を優先させた結果だった。それが国民に見透かされ、議会政治への信用を失わせた。

現在の制度は当時とは違う。首班指名で多数派を形成した政党が内閣を組織し、政権を担当する仕組だ。政権交代のためには、次の総選挙で多数を確保しなければならないが、その大前提となるのは、自公政権に取って代わる政権の受け皿とその政策だ。

ところが、昨年来、立憲民主党（立民）の泉健太代表が提唱している「ミッション型政権構想」は、時々、思い出したように言及するだけで、実現に向けた意欲はまるで感じられない。岡田幹事長が他党に働きかけることもなければ、同党の部門会議で政権獲得に向けた政策論議が行われている様子もない。

日本維新の会も同様だ。立民の構想に不満なら、なぜ、自ら提唱しないのか。党首が「野党第一党を目指す」と公言するなら、なおのことだ。

「真相解明」をふりかざして批判合戦に明け暮れる国会の状況は昭和の帝国議会と酷似しているように思えてならない。

野党が自覚すべきは、国民の不満は与党だけではなく、野党に対しても向けられているということだ。このままでは、その後の歴史がたどったように、議会制民主主義そのものに対する不信につながってしまうのではないか。

議会政治は与野党が切磋琢磨することを前提に成り立っている。岸田政権や与党に対する批判が高まっているなか、必要なのは野党からの政策ビジョンの提示だ。

自公政権が「良くない」とするならば、どの政策をどう変えるのか。経済政策はこのままでいいのか。外交・安保政策に変化はあるのか。岸田首相に向けられているような「負担増」の懸念はないのか等々。多くの国民が求めているのは、証人喚問より、そちらの方ではないか。

筆者は先週の当欄で与党に対して「出直し解散」を提唱した。今号は野党に対して「政権の受け皿づくり」とそのための政策論議を求めたい。

政治家論

格下人事を希望した小泉、福田両氏（令和4・9・11）

世襲議員には「強み」もある

永田町では自民党の党四役、国対委員長、広報本部長を支える他の自民党執行部人事が話題になっている。

特に小泉進次郎国対副委員長（元環境相・当選五回・四〇歳）、福田達夫筆頭副幹事長（前総務会長・当選四回・五四歳）人事は、新聞・テレビから週刊紙が面白可笑しく取り上げている。

そこで、小泉、福田両氏の人事の意味を考察したい。

小泉氏は三代続く政治家の四代目で四世議員である。小泉純一郎元首相の次男だ。父・純一郎氏も国対副委員長で活躍した。

自民党の国対副委員長は一〇人以上おり、担当する常任委員会ごとに、法案審議日程の調整や他党との水面下を含む粘り強い交渉にあたる。国対副委員長は若手議員にとって国会運営の裏表を学び、野党の意見に耳を傾け、野党との本音の人間関係構築の場という意味合いがある。国対の仕組みを学び、相手の意見を聞き、頭を下げ、根回しや調整で汗を流すのが仕事である。

新聞・テレビへの露出は少なく黒子であり、「雑巾がけ」「裏方仕事」とも呼ばれている裏方である。小泉氏の場合、本人が「勉強したい」と希望した。

小泉氏は若く、知名度も高く、将来の総理総裁候補と呼ばれている。

一方、福田氏は二代続く政治家の三代目で三世議員だ。祖父は福田赳夫元首相、福田康夫元首相の長男だ。元商社員で父・康夫元総理の秘書官を経験。昨年秋、当選三回で閣僚経験、部会長経験もないまま、岸田文雄総裁から党四役の総務会長に抜てきされた。その意味では小泉氏と酷似する。

福田氏が就任した筆頭副幹事は一〇人ほどいる。副幹事長を束ねる「雑巾がけ」、裏方である。副幹事長中には先輩議員、閣僚経験者もいる。新しい出会いもあり、そこで学ぶことも政治家として貴重な経験、新たな自覚も生まれるのではないか。

政界、メディアなど中心に「二世・三世・四世はひ弱」という指摘もある。しかし、逆に強みもある。政治家の家庭で育ったからこそ培われた経験や使命感もあるはずだからだ。小泉、福田両氏のそれが強みになるかどうかはこれからが正念場である。ひ弱か使命感を持っているかを判断することは世襲候補ばかりを対象にする必要はない。これも有権者が判断するべき筋合いのものだ。福田氏は祖父・赳夫氏が設立した清和会（安倍派清和政策研究会）の将来を嘱望される成長株だ。

今回の小泉、福田両氏の格下げ、裏方人事は近い将来、党を担う人材として期待の裏返しであることも事実である。

小泉、福田両氏の、地味でも確実な成長を期待したい。

高市氏は窮地を乗り越えられるか（令和5・3・30）

初の女性首相への試練と受け止めよ

高市早苗経済安保相が窮地に立たされている。

高市氏が総務相だった八年前、「政治的圧力で放送法の解釈を曲げたのではないか」と追及する立憲民主党議員とのやり取りのなかで、高市氏がその根拠とした文書を「捏造」と強く反論した。

それに対し、「捏造されたものでなければ、議員、大臣を辞めるか」と迫られ、「結構ですよ」と応じたのが発端だった。その後、文書は総務省が作成したものであることが明らかになった。

立民党は「捏造ではないことがはっきりしたのだから、答弁通り、辞任すべき」と要求。しかし、その内容が正確かどうかは依然として不明のままだ。高市氏は文書に書かれている内容を全面否定している。

以後、肝心の放送法の議論を脇に置いて、「言った」「言わない」の不毛な論争が続いている。しかし、全面否定する高市氏の答弁を覆せない以上、辞任要求には無理があるのではないか。岸田文雄首相も「論理が飛躍している」として取り合わない姿勢だ。

とはいえ、今回、野党の挑発に乗る形で「議員、大臣をやめてもいい」と答弁したことは、やはり不適切だったと言わざるを得ない。いくら自信があったとしても安易に政治生命をかけるような発言はしない方がいい。そういう発言をしたから、野党が「首を取ろう」と色めき立つのである。

高市氏は首相臨時代理就任順位で松野官房長官に次ぐ第二位だ。閣僚応接室での席次も「ナンバー2」とされる岸田首相の左隣に座る。その意味で高市氏が「日本初の女性首相」に最も近い政治家であるといえる。

ただし、首相となるためには、もう一段の成長が必要であることも衆目の一致するところではないか。高市氏は深夜まで自室にこもって政策研究にいそしむ努力家として知られる。

しかし、首相は自分の能力や才覚だけで到達できるものではない。自ら研究するのではなく、同志に委ねる部分があって然るべきだ。今後は、多くの議員とコミュニケーションを図り、同志を増やすことに注力すべきではないか。

また、首相という立場は、自身が行った施策だけでなく、過去の政策の失敗や将来への不安も含めて評価される。施策だけでなく、人間性や服装、話し方など、あらゆる事柄が批判の対象にされ、容赦なくバッシングされる。

今回の高市氏に対する批判について、本人からすれば理不尽、不本意かもしれない。が、首相になった時のそれに比べれば、ほんの「予行演習」に過ぎない。むしろ、良い試練の機会と捉え、どんな挑発にも冷静さを保つ修練の場と考えたらどうか。

いずれにしても、この程度の窮地で弱音を吐く高市氏ではあるまい。高市氏が果たすべきは、岸田内閣の重要政策である経済安全保相としての職責を全うすることに尽きる。そこから、目指す頂上も見えてくるのではないか。

二階氏が日中議連会長に（令和5・4・13）
日中間の「架け橋」となることができるか

超党派の日中友好議員連盟会長に二階俊博元幹事長が就任する。

同議連の前会長は林芳正氏だったが、岸田文雄内閣の外務大臣に就任した際、「無用な誤解を避けるため」などの理由で辞任し、その後、会長不在が続いていた。

二階氏は長年にわたって両国の関係改善に取り組んできた。自民党総務会長時代には三千人を率いて訪中し、経済、文化の交流を推進したこともある。また、習近平国家主席と会見した経験を持つ数少ない政治家の一人だ。菅義偉政権時代に幹事長をやめる際には、中国メディアが「速報」するほど、中国側にも「知中派」として認識されている。これほどの適任はいないだろう。

近年の日中関係は悪化の一途をたどっている。中国公船による尖閣諸島周辺の領海侵犯は常態化し、その頻度や滞留時間はエスカレートするばかりだ。また、昨年八月には、弾道ミサイルを日本の排他的経済水域（EEZ）内に撃ち込んだ。日本周辺における中国とロシア両軍の艦船や爆撃機の共同行動も相次いでる。さらに最近では、日本人技術者を「スパイ容疑」として、容疑事実を明らかにしないまま拘束した。

こうした中、現在の両国の関係は、「友好」ということすら言い出しにくい空気がある。なかには「日中友好議連」と聞いただけで「そんな議連は解散してしまえ」と主張する向きも少なくないのではないか。

おそらく、老練な二階氏はそのことを十分に承知していることだろう。それでもなお、同議連の会長に就任するということは、それなりの覚悟があってのことだと推測する。

二階氏は一部から「媚中派」と批判されている。しかし、そんな批判に対しても「中国を相手にしないで日本が飯を食っていけるのか」、「（中国と敵対して）日本経済は大丈夫なのか」とどこ吹く風だ。確かに、中国は地理的に極めて近い隣国であり、経済的にも最大の貿易相手国である。友好関係が深まれば両国のみならず、東アジアの安定に大きく貢献する。

問題は中国自身が自らの国際的な立場を冷静にとらえているかどうかである。

二階氏は同議連の総会で正式に会長に就任した後、早期の訪中を検討しているという。実現すれば令和二年の新型コロナウイルス流行後、初の国会議員訪中となる。

二階氏の政治手法は臨機応変の対応力と細部にわたる気配りだが、こうした手法が「戦狼外交」とも形容される強硬な中国外交に対して功を奏するか不透明である。しかし、長年の経験に裏打ちされた交渉の勘所を見ぬく目は健在だ。今後、日中間の「架け橋」として、どのような行動を展開しようとしているのか。

あえて「火中の栗」を拾った二階氏の動向に注目したい。

石破氏「再起動」、来年総裁選出馬に意欲（令和5・9・28）

総裁候補としては申し分ないが…

石破茂元防衛大臣は九月二三日、テレビ番組で来年秋の党総裁選への出馬の意向を問われ「首相は国会議員の中から選ばれる。準備をしておくのは国会議員たる者（として）当たり前だ」と述べ、自身の出馬に意欲を示した。

もし、岸田首相が年内の解散をしないとすれば、政局は来年の総裁選に向けて新たな局面に入る。石破氏の発言は、いち早く「ポスト岸田」への名乗りを上げて、主導権を握ろうとの思惑があるのだろう。しばらく鳴りを潜めていたが、いよいよ「再起動」というところではないか。

石破氏は、これまで四回の総裁選出馬経験を持つ。

初出馬は福田康夫首相の退陣に伴う二〇〇八年の総裁選。しかしこの時は立候補者五人中最下位だった。二回目の挑戦となった二〇一二年の総裁選では第一回投票で一位を獲得した。決選投票で安倍晋三氏に敗れたものの、圧倒的な地方票を獲得したことを受け、幹事長に就任。与党復帰した自民党を安倍氏とともに取り仕切った。

二〇一五年の総裁選は立候補を見送り、三回目の挑戦は二〇一八年だった。安倍三選に異を唱える形で、安倍政権への批判を展開した。しかし、思ったほど地方票が伸びず一敗地に塗《まみ》れた。四回目は、安倍氏の病気退任に伴う二〇二〇年。菅氏、岸田氏とともに出馬したが最下位に終わった。

前回の二〇二一年は、自身は立候補せず、河野太郎氏を小泉進次郎氏らとともに担いだ。それぞれの苗字の一字を取って「小石河」連合といわれ、国民的人気の背景に善戦健闘したが、決選投票で岸田氏に敗れた。

石破氏は八月に岸田首相と夕食を共にした。「入閣の打診があったのでは」とも噂されたが、九月一三日人事での起用はなかった。もっとも石破氏は「閣僚か党役員で仕えているときは（総裁選には）出ない」というのが信条という。その意味では、むしろ、総裁選出馬へのハードルが取り払われたとも考えることができる。

はたして、石破氏の五回目の総裁選出馬があるのか。それとも再び河野氏を担ぐのか。

自民党の総裁候補が枯渇する中、石破氏の存在感は今なお大きい。世論調査で「次の首相は誰がふさわしいか」との質問に、今なお上位にランクインしている。長年、党幹部や政府の要職を重ねてきただけに「安定感」「キャリア」という意味では他の追随を許さない。

ただ、自身の主張にこだわる性格が災いして多数派形成は得意ではない。それが行き過ぎて「政界はぐれ鳥」とも揶揄される。

また、参謀不在も課題の一つだ。石破氏は自分で考え、自分で決めて、自分で行動してきた。しかし、首相を目指すのであれば、そういうわけにはいかないだろう。政局観に精通した同志が不可欠だ。

石破氏が今後どう動くか。注目していきたい。

高市氏、総裁選出馬に意欲（令和5・10・12）
気風の良さは魅力と同時に欠点

高市早苗・経済安保相が一〇月三日、報道番組で、来年九月に予定される自民党総裁選について、「また戦わせていただく」と述べ、立候補に意欲を示した。

「高市氏らしい単刀直入な言い方をしたものだ」というのが筆者の率直な感想だった。が、六日の記者会見では、「特に来年の総裁選挙に限定して、岸田首相と戦うというようなことを申したつもりはない」と軌道修正した。

「年内解散なし」が確定すれば「ポスト岸田」政局が始まることは、先週当欄で述べた。しかし、さすがに「動き出すには早い」と判断したのではないか。

気風《きっぷ》のいい、明快な物言いは高市氏の魅力であると同時に、欠点でもある。

今年三月の参院予算委員会で、立憲民主党の小西洋之議員から「（総務相時代に）放送法の解釈を政治的圧力で曲げたのではないか」と追及された際、「（同議員が根拠とした文書が）捏造されたものでなければ、議員、大臣を辞めるか」と挑発され、即座に「結構ですよ」と応じた。

普通の政治家なら言質を取られないよう、慎重に言葉を重ねるものだが、高市氏の場合、「喧嘩上等」とばかりに正面から受けてしまう。最終的に高市氏が論争に勝利したから良かったものの、一時はかなり危ないところに追い詰められた。

首相の背負っている責任は平の大臣とはけた違いに重い。より高みを目指すのであれば、リスクを回避する技も身につけるべきではないか。

四月の奈良県知事選では自民党奈良県連会長として現職知事とのコミュニケーションに失敗。候補者を一本化できず、維新推薦の知事誕生を許すことになった。「気風の良さ」は時として、「向こう気の強さ」となり、「強引な手法」にもなってしまう。高市氏の性格が裏目に出てしまった例と言える。

政治家のタイプとしては調整型というよりはビジョン型だ。自らが掲げる政策をぐいぐい推進していく場面ではいいが、自らの主張にこだわるあまり、多数派形成は得意ではない。

問題は、総裁選立候補に必要な推薦人二〇人を集められるかどうかだ。一昨年の総裁選では安倍晋三元首相の後押しがあり、安倍氏に近い議員が名を連ねていたが、安倍氏がいなくなってしまった今、同じ人が推薦人に名を連ねてくれるかどうかは分からない。はたして、来年の総裁選に名乗りを上げられるのか。さらに勝利するためには推薦人だけでなく自民党議員や党員から幅広い支持を集めなくてはならない。そのためには包容力、調整力に磨きをかけることが不可欠だろう。

高市氏といえば、初の女性首相誕生への期待も高いが、そのために乗り越えなくてはならないハードルは多い。

旧安倍派「五人衆」に離党のススメ（令和6・2・8）

自らの判断でけじめをつけるべき

東京地検特捜部は一月二六日、旧安倍派による政治資金パーティーの収入不記載事件で告発されていた同派幹部七人を「嫌疑不十分」として不起訴とした。

不起訴となった幹部七人は、塩谷立・元文部科学相（七三）、下村博文・元文科相（六九）、「五人衆」と呼ばれる松野博一・前官房長官（六一）、西村康稔・前経済産業相（六一）、高木毅・前党国会対策委員長（六八）、世耕弘成・前党参院幹事長（六一）、萩生田光一・前党政調会長（六一）。

しかし、法的な責任を免れたとしても、自らの政治団体の政治資金収支報告書に適切な記載を怠ったことは間違いない。会計責任者との共謀は認められないとしても、その政治的・道義的な責任は免れない。

筆者は、この際、「五人衆」は少なくとも離党して、その責任を明らかにすべきではないかと思う。

筆者が特に問題視するのは、五人は検察の事情聴取に対し、不記載への関与を否定するため「派閥会長の裁量だった」旨を供述したとされていることだ。この間の派閥会長は、細田博之（前衆院議長）と安倍晋三元首相で、いずれも故人だ。もし、本当にそのように供述したのなら、故人となった先輩政治家の名前を出して責任逃れをしたと言われても仕方がないのではないか。

しかも、安倍元首相は「五人衆」にとって、抜擢、重用されて現在の地位に引き上げてくれた大恩人ではないか。それにもかかわらず、このような供述をしたことが事実だとすれば、政治家以前に人間としてのあり方に疑問符が付きかねない。このことについても、しっかりと釈明し、疑念を説いてほしい。

いずれにせよ、「五人衆」が自民党及び日本政治に与えたダメージは大きい。すでに自民党内では「処分すべき」との意見も出されているようだが、処分を待つことなく、自らの判断において「けじめ」をつけるべきではないか。

「五人衆」に対しては、野党から証人喚問や政治倫理審査会への出席を求められるかもしれない。もし、そのような要求が出されれば積極的に応ずるべきだ。国会での説明はまたとない説明のチャンスともいえる。事実関係を明らかにして再発防止の材料に供するべきだ。

衆院議員は「代議士」とも呼ばれる。代議士の「士」は「武士《もののふ》」の意に他ならない。なによりも名誉と重んじ、恥を恐れる立場でなければならないはずだ。

議員辞職、離党は「切腹」に等しいが、本当の「切腹」と違って命が絶たれるわけではない。真摯に地元有権者に真実を説明し、心底、反省したことが理解されれば、有権者の心に届くこともあるはずだ。

「潔さ」を示して他議員の範となるべきではないか。

政党論

派閥解消論に異議あり（令和6・1・18）

「派閥解消」は政治資金改革の本丸にあらず

政権与党自民党内の派閥解消論が盛んだ。しかし、筆者は反対である。

派閥は、特に自民党のような大きな政党には必要だ。共産党や公明党には「派閥はない」といわれているが、むしろ、その方に違和感を感ずる。

「派閥あって党なし」といわれるような行き過ぎた活動は問題だが、だからといって派閥そのものを否定する必要はない。目指すべきは派閥の「弊害除去」であって、派閥解消ではない。

派閥解消を明記した一九八九年の政治改革大綱が注目されているが、当時の議論は、派閥は中選挙区制が発生原因と考えられていた。したがって選挙制度を小選挙区制に改めれば、派閥は必然的になくなるとの前提があった。しかし、派閥は中選挙区制ではなく、総裁選に対応するために生じるものだ。

だから、小選挙区制が導入されても派閥はなくならなかった。むしろ、その後の激しい総裁選が派閥の機能強化を進めた。かつて派閥解消を唱えていた石破茂氏ですら、総裁選に挑戦するにあたって「石破派」を結成せざるを得なかったことが、それを証明している。

また、派閥は党執行部をけん制し、党内の民主的運営を確保するうえでも重要だ。長年にわたって政権政党にありながら自民党が独裁化しなかったのも、派閥による相互牽制があったからだ。その機能は執行部の権限が強大化する小選挙区制の導入によって、より重要になった側面もある。

そもそも、今回の事件の本質は派閥の政治資金パーティー収入を適切に収支報告書に記載しなかった点にあるのであって、派閥そのものが悪いわけではない。

山本七平著『空気の研究』にはイタイイタイ病の原因とされたカドミウムの金属棒を見せられた記者が、恐怖を感じて「のけぞって、逃げた」という場面が描かれている。カドミウムそのものと、その廃水を適切に処理しなかったことを同一視する「空気」がこの記者にこのような行動をとらせたというのが山本氏の解説である。

現在の派閥解消論も同様ではないか。

筆者の知る限り、「派閥解消しても政治資金の問題は解決しない」との論評はあっても、派閥解消に反対する意見は見当たらない。なかには、自民党政治刷新本部の「中間とりまとめ」では派閥解消に不十分で、もっと徹底的にやるべしとの指摘もある。

まさに山本氏のいう「空気」が蔓延しているというべきではないか。

ただ、筆者は今回の捜査で法的に立件された派閥が「けじめ」として解散することを否定しているわけではない。また、現在の派閥が未来永劫、存続することを望んでいるわけでもない。派閥は過去においても状況に応じて離合集散が繰り返されてきた。

しかし、「派閥は悪」と決めつける昨今の論調には大いに異を唱えたい。

竹下元首相のズンドコ節の「明るさ」に学べ（令和6・4・4）

派閥再編で首相候補いただく本来の姿に戻せ

「講和の条約　吉田で暮れて　日ソ協定　鳩山さんで　今じゃ佐藤さんで沖縄返還　一〇年たったら竹下さん　トコ　ズンドコ　ズンドコ」

故竹下登元首相が、宴席で興に乗ると披露したズンドコ節である。これには「今じゃ佐藤さんで沖縄返還」の部分を「今じゃ角さんで列島改造」に変えた別バージョンがあるらしい。歌詞から推測するに、竹下氏が佐藤栄作内閣の官房副長官や官房長官を務め、党内でニューリーダーとして認められつつあったころの歌ではないか。

それにしても「一〇年たったら竹下さん」とはよく言ったものだ。昭和という時代のおおらかさ、明るさが伝わってくるようだ。

かつて、自民党には衆目の一致する首相候補が数多く存在した。

三木武夫、田中角栄、大平正芳、福田赳夫、中曽根康弘の各氏はその名字の一文字をとって「三角大福中」と言われた。中曽根康弘首相の後継として名乗りを上げた安倍晋太郎、竹下登、宮沢喜一の三氏は「安竹宮」と呼ばれた。小泉純一郎首相の後継候補と目された麻生太郎、谷垣禎一、福田康夫、安倍晋三の四氏は、苗字と名前を巧みに組み合わせて「麻垣康三」となった。

総裁候補はそれぞれ派閥を組織し、切磋琢磨した。時には「派閥あって党なし」と言われるほど激しい抗争を繰り広げたが、半面、それだけ活気のあった時代ともいえた。

しかし、現在はこうした呼ばれ方をする政治家はいない。なぜ、こんなことになってしまったのか。

その原因は派閥の性格が変質したからではないか、というのが筆者の分析だ。

自民党の派閥は首相候補を育てる役割を果たしてきた。しかし、近年の派閥は首相候補を持つ派閥がほとんどなくなり、もっぱら選挙と人事のための互助会的性格を強めてきた。それが新しいリーダーを育てるより派閥をまとめることの方が重要となり、老練な政治家が派閥を仕切る結果となった。

一方、首相候補不在のままでは、新しいリーダーを選ぶ総裁選に対応できなくなってきた。一昨年の総裁選で領袖を担いだ岸田派以外、派閥横断的な対応を許さざるを得なくなったのはそれが要因だ。

その意味で、岸田首相のイニシャチブで現在の派閥をいったん解消することになったことは悪いことではないかもしれない。遅かれ早かれ、現在の派閥が再編されることは不可避だったのではないか。

重要なことは派閥を全部否定するのではなくて、首相候補をいただく本来の姿に戻すことだ。一定の形ができるまでに紆余曲折はあるだろうが、派閥再編の過程で、首相を目指す政治家は大いに声を上げるべきだ。

竹下氏のように「一〇年たったら〇〇さん」と名乗りを上げる政治家の登場を期待したい。

派閥「全面否定」は誤り（令和6・4・25）
「風通しの良さ」「人材発掘、議員教育」で重要な役割

筆者は、派閥は肯定すべきだと考えている。行き過ぎた派閥活動を是正することには異論はないが、派閥そのものを全面否定するのは誤っている。

ところが岸田首相は、派閥政治資金パーティーの収支報告書未記載事件を契機に、自ら率いてきた岸田派を率先して解散し、安倍派、二階派、森山派もこれに続いた。さらに茂木派も解散に踏み切り、残るは麻生派だけになった。今や自民党はほぼ全員が無派閥議員だ。

派閥は自民党の立党時から存在した。ただ、現在よりも緩やかで、人間関係を中心としたものだった。それを変化させたのは、自民党が党首を選ぶシステムとして導入した総裁選だった。総裁選の定着とともに、総裁候補は同志を募り、政策を錬磨し、団結を強めて来るべき戦いに備えるようになった。それが現在の派閥につながっている。

かつて、派閥は中選挙区制に由来するとの説が有力だった。したがって、中選挙区制が廃止され、小選挙区制になれば派閥の必要性は薄れていくと考えられていた。しかし、それは誤りだった。小選挙区制になっても派閥はなくならなかった。総裁選がある限り存在意義が失われなかったからだ。

派閥の存在感が増すに従い、自民党も派閥を党運営に活用した。

執行部方針が派閥を通じて各議員に伝達されるのと同時に、個々の議員の意見や要望も派閥を通じて執行部に届けられた。派閥は「風通しの良い」党風を形成するうえで大きな役割を果たしてきたと言って過言ではない。おそらく、無派閥議員ばかりになった自民党内の情報伝達力は低下していくことになるだろう。事実、最近の自民党はガバナンスの欠如が指摘されるようになっている。早くも影響が出てきたのかもしれない。

また、派閥は自派の勢力拡大のため、新しい人材の発掘や議員教育に力を注いできた。しかし、費用と手間のかかるこうした役割を今後、誰が肩代わりするのか。それでなくとも小選挙区制導入以降、人材発掘機能が低下し、二世議員ばかりになっていると批判される状況だ。政界の人材枯渇はいよいよ深刻化することになるかもしれない。

一方、既成派閥が硬直化していたのも事実だ。そのほとんどが総裁候補を持たず、新たなリーダーを選ぶ総裁選に対応できなくなっていた。早晩、派閥再編は不可避だったといえる。その意味で、既成派閥のくびきが解き放たれたことで、派閥再編が行われやすくなったともいえる。

いずれにせよ、今年九月には総裁選がある。総裁選に向け、それぞれの総裁候補の下に派閥再編が行われることは自然の流れだ。とにかく、「派閥罪悪視」はやめた方がいい。派閥はニューリーダーの下に再編されてしかるべきだ。

自民党は「不戦敗」を習い性にするな（令和6・5・16）
政権与党ならば堂々と戦うべき

自民党は四月に投開票された衆院三補選で一議席も獲得できなかった。しかし、筆者はそれ以上に、自民党が東京一五区と長崎三区で候補者を擁立しなかったことを問題にしたい。

自民党としては「負ける選挙はしない」ということかもしれないが、やはり、政権与党である以上、堂々と戦うべきだったと思う。

結果、どうなったか。

投票先を失った自民党支持者が棄権もしくは分散し、立憲民主党と共産党の〝連合軍〟が労せずして勝利を得るかたちとなった。この勝利は、期待の高まりというより、日本維新の会や国民民主党に比べて、地域に組織基盤のある両党が相対的に有利だったということで、それ以上のことではないのではないか。

保守層のなかには、「保守二大政党制」を期待する声もある。だが、筆者は小選挙区制の下では、保守票が分散すると、保守二大政党どころか、「革新勢力の台頭」を招く結果になるのではないかと危惧していた。

特に、東京一五区の選挙結果は、まさに筆者の予想通り、共産党と共闘する立憲民主党候補の〝独走状態〟になってしまった。

自民党が候補者を擁立しなかった影響は、選挙の論戦にも及んだ。

批判の対象がないため、焦点の「政治とカネ」の問題もさして盛り上がらなかった。当初は、各陣営ともこの問題を取り上げたが、自民党候補が存在しない中で他候補との差別化ができず、終盤戦になるにつれ、この話題は低調になってしまった。

では、政策論争が盛り上がったかというと、これも「さっぱり」だったと言っていい。多くの候補者が「減税」「社会保険料引き下げ」を公約に掲げたものの、具体論がないために、有権者から見ればどれも同じ主張に見えたのではないか。

東京一五区のある有権者は「たくさん候補者が立候補しているにもかかわらず、江東区の身近な問題を取り上げる人がいない」と嘆いていた。これでは投票率が低下するのも当然だろう。

驚いたのは、同選挙区の選挙公報だ。あるミニ政党の欄をみると「自民党政策を推薦します」との大見出しが掲げられていた。自民党票狙いなのかもしれないが、「自民党が候補者を立てなかった影響はこんな形で表れてしまうのか」と開いた口が塞がらなかった。

自民党は「敗北するより不戦敗の方が政治的ダメージは少ない」と計算したのだろう。ただ、勝負を避けるような姿は、保守層には「姑息《こそく》」に映ったのではないか。

勝敗は時運のおもむくところ、勝つこともあれば、負けることもある。仮に負けたとしても、「国民の審判」を真正面から受け止めることによって、次の展開につながるというものだ。

「不戦敗」が自民党の習い性にならないよう望みたい。

派閥解散後の総裁選はどうなる（令和6・6・13）

派閥の行き過ぎを改めるのは当然だがそのものを否定する必要はないと考える

今年九月には自民党総裁選が予定されている。おそらく、通常国会が閉幕すれば、政局は総裁選に向かって一直線に流れるだろう。麻生派以外の派閥が解散してしまった今回は、これまでの総裁選とは全く違った様相を呈するのではないか。

実際、現在のような派閥が定着していなかった時代の総裁選には多くの議員が立候補していた。候補者乱立が良いとはいえないが、これまで目立たなかった新たな人材が立候補すれば、国民の耳目も集まるのではないか。

また、これまでの総裁選は派閥領袖の意向が分かれれば、ほぼ、結果を予想することができたが、今回はそうはいかない。「派閥の締め付け」がなくなれば、最後まで投票先を決めあぐねる議員も増えるだろう。最後まで予断を許さない選挙戦になるだろうし、それだけ激しい戦いが展開されることになるのではないか。

総裁選の過程で「派閥的」なグループが生ずるのは当然だろう。また、そうしたグループが旧派閥の人間関係が色濃く反映されたものになることも想像に難くない。これをもって、「古い自民党の復活」「派閥脱却は嘘だった」といった批判が行われるかもしれないが、「為《タメ》にする批判」だと思う。

筆者は、派閥は必要だと考えている。

複数の派閥の存在していることによって、党執行部の専横をけん制し、党の民主的運営を確保するうえで大きな役割を果たしてきたともいえる。それは執行部の権限が強大化しがちな小選挙区制の導入によって、より重要になってきた側面もある。

派閥の行き過ぎを改めるのは当然としても、派閥そのものを否定する必要はないのではないか。

ところで、九月の総裁選に岸田首相は立候補するのか。今月初めに読売、朝日の両紙は「今国会での解散見送り」を報じたが、あくまで、岸田首相が総裁選での再選を意図している前提で解説していた。

これまでの総裁選の歴史を振り返ると、現職の首相が敗退したのは福田赳夫首相の例だけだ。しかし、初めて党員投票を組み込んだ総裁選が行われた中で生じた例外的な事例と見るべきだろう。通常は、「信任投票的」な総裁選とならないことが判明した時点で、立候補辞退する例が多い。

はたして、岸田首相はどうするのか。

現職首相が多くの立候補者の中の一候補として論陣を展開し、勝利しようとしているのだろうか。総裁選挙の様相はそれによって、大きく変わってくるだろう。

自民党の「岸田首相は妥協し過ぎ」批判は身勝手（令和6・6・20）

世論の「興奮状態」を鎮めるには解散・総選挙しかない

政治資金規正法改正を巡り、自民党内には「妥協し過ぎ」と岸田首相を批判の声があるが、おかしいと思う。

「妥協」しなければ法案は成立しない。成立しなければ解散・総選挙は不可避となる。それを承知で批判するのであれば筋が通っている。しかし、自民党の大多数は「総選挙は避けたい」というのが本音だろう。だとすれば、妥協するしか手立てがない。

「自民党の主張を実現するため」という意味においては、むしろ、岸田首相は四面楚歌の中で、よくやっているというべきではないか。

「解散は嫌だが、妥協はするな」というのは身勝手というものだ。

おそらく今回の改正案は、自民党にとっては「相当思い切った」内容なのだろう。「妥協し過ぎ」との批判はその裏返しといえる。しかし、国民が求めているのは「政治とカネ」

にまつわる事件の根絶であり、抜本改革だ。今回のような実務的な改革案では、到底、納得できないのではないか。

この問題について、世論は「興奮状態」にあるといって過言ではない。「政治には一定のカネがかかる」といった議論すら受け入れられない状況だ。立憲民主党などが、自ら率先垂範する気がないにもかかわらず、政治資金パーティー禁止を打ち出したのも、こうした状況を意識してのことだろう。

まして、「政治資金制度は、その国の民主主義を形作る重要な要素で、抜本改革のためには選挙制度や統治機構、政党政治のあり方などを見据えた広範な議論が必要」といった「あるべき」論が通じる段階ではない。

筆者は当欄で繰り返し「出直し解散」を提唱してきた。まずは解散・総選挙を行って、国民の審判を受けた議員によって国会を再構成しない限り、どんな改革案を作っても説得力がないと考えるからだ。しかし、岸田首相は解散を先送りし、再発防止策の策定を優先した。

しかし、派閥を解散させても、三九人もの議員に対して処分を下しても国民の反応は散々だ。やればやるほど失望感を招いているといっていい。岸田首相としては「清水の舞台から飛び降りる」ほどの決断だったかもしれないが、国民には全く響かなかった。政局運営の手順を間違えているからだ。

解散を先延ばしすればするほど、世論の興奮状態はさらに高じていくだろう。すでに、岸田首相一人に責任を負わせたところで、事態を解決できないところまできたのではないか。

自民党は事態を深刻にとらえるべきだ。世論の興奮状態を鎮めるためには解散・総選挙しかない。岸田首相を「妥協し過ぎ」と批判している場合ではない。それよりも、出処進退を国民の審判に委ねる覚悟を固めるべきだ。「出直し解散」は早ければ早いほど良い。

「爽やかな総裁選」は実現するか（令和6・6・27）

岸田首相出馬なら激化は必至

「総裁選で爽やかな政策論争をしたい」と述べたのは加藤紘一氏だった。しかし、本人の意図に反し、加藤氏の総裁選出馬は現職総裁だった小渕恵三首相をひどく不快にさせた。温厚な性格で知られる小渕氏が、「あんたは俺を追い落とそうとしたじゃないか」と声を荒げたというから、心底、怒っていたのだろう。

総裁選には二種類ある。一つは現職の総裁の信任を問う総裁選。もう一つは現職総裁が辞意表明したなかで、新しい総裁を選ぶ総裁選挙だ。

「爽やかな政策論争」が成り立つ可能性があるのは後者の方で、前者のパターンは「爽やか」どころか、終わった後までしこりが残る総裁選になりがちだ。小渕・加藤両氏が戦った一九九九年の総裁選もそうだった。

現職首相が出馬する総裁選では、挑戦者は現職との違いを訴えるため、現職や党の現状を批判する。一方、現職にとっても相手候補の得票は自分への批判票とみなされる。だから、あらゆる手段を使って相手陣営の切り崩しを図る。これが感情的なしこりとなってしまう。

はたして岸田首相は出馬するのか。もし、出馬すれば、「反岸田連合」としてもまとま

らざるを得ないだろう。そうなれば、「ニューリーダー競演」型の総裁選でなく、事実上

の一騎打ちの様相になるのではないか。

現職首相が出馬し、敗北したのは福田赳夫首相の例だけだ。それが「40日抗争」や史上

初の衆参ダブル選挙の遠因になったと言われる。政局への衝撃は、出馬せずに退陣するの

と比べて比較にならないほど大きい。

逆に言えば、岸田首相としては、出馬する以上、是が非でも勝たなければならないとい

うことだ。到底、「爽やかな」総裁選になるとは思えない。

総裁選は「権力闘争」に他ならない——そう考えると、加藤氏が目指した「爽やかな総

裁選」は、最初から成立しないのかもしれない。

しかも、今度の総裁選は、初めて、麻生派を除くすべての派閥が解散した中で行われる。

派閥があれば、最初から色分けが決まっているので、強引な選挙運動をする必要はないが、今や、自民党のほとんどが無派閥議員だ。投票態度の未決定議員に対する各陣営からの働きかけは、し烈を極めることになるだろう。その過程で様々な軋轢が生ずる可能性は高い。「派閥がなくなれば、党内抗争はなくなる」との見方は短見《たんけん》に過ぎない。むしろ、党内ガバナンスは緩み、まとまりの悪い自民党が出現する可能性が高い。若手議員の総裁批判はその兆候ではないか。

「一強」ならぬ「全弱政治」の始まりと言える。

派閥がなくなった自民党は、かつてないほど危険な局面に立っている。自民党はそのことを十分自覚したうえで、今度の総裁選に臨むべきだと思う。

ギクシャクする自公候補者調整（令和5・3・23）

連立の「耐用年数」に懸念も

「十増十減」に伴う候補者調整をめぐって、連立を組む自民党と公明党との関係がギクシャクしている。

これまで自公両党は小選挙区二八九のうち、九選挙区を除いて公明党は候補者を擁立せず、自民党の候補者を支援してきた。ところが、今回、「一〇増」される五都県のうち、東京、埼玉、千葉、愛知の四都県で、新たに「公明党枠」を要求。しかも、自民党の機先を制する形で三選挙区の公認候補者を発表した。

これに対し自民党は猛反発。森山裕選対委員長も「一〇減のところは全部、自民党がかぶっている。一〇増のところを四つと言われても、なかなか難しい」と渋い顔だ。

しかし、公明党の石井啓一幹事長は「今回、（一〇増のうち四枠を）要請をしていることは、全体のバランスからいって、無理な要望をしているわけではない」と反論、関係は悪化する一方だ。

両党関係が悪化したことは、これまでも何度かあった。しかし、今回は両党の言葉のやり取りに「トゲ」があるように思える。もしかすると、二〇年以上続いた連立関係が耐用年数を超えつつあるのではないか。そんな雰囲気すら漂い始めている。

もともと、自民党と公明党は「水と油」だ。「日本らしい日本を作る」を掲げ「国家目線」の自民党に対し、公明党は「庶民の政党」を標榜し「大衆とともに」を強調する。理念や政策の目指すところは真逆に近いと言っていい。そんな両党が長く連立を続けてこられたのは、自らの主張を抑制して連立維持に努力してきたからだ。

また、両党の違いを埋める人間関係の存在も連立維持に大きな役割を果たした。古くは、野中広務と冬柴鉄三、その後も大島理森と漆原良夫の各氏が両党の間をとりもった。与党復帰後の安倍政権では菅義偉官房長官が、菅政権になってからは二階俊博幹事長がパイプ役を果たした。

ところが、岸田政権発足後はそうした存在が見当たらない。それが問題をこじらせている原因ではないか。

ようやく、自民党の茂木敏充幹事長が「(それぞれ別な)政党なので、必ずしも政策面、選挙面で完全に一致をしてない部分がある。それを調整していくのが正に連立政権というものだ」「適切なタイミングで自民党と公明党との間の調整が必要な選挙区については調整を進めていかなければならない」と収拾に向けて乗り出す考えを示した。

しかし、もっと早く手を打つべきだったのではないか。信頼関係を失った連立政権が存続できない。元来「水と油」の自公連立は特にそうだ。壊れるときは一気に連立解消に至る可能性もある。

合理的でない「自公選挙協力解消」（令和5・6・2）
自公協力の実効性が下がることで得するのは野党

公明党の石井啓一幹事長は五月二五日、自民党に対し、東京において自公選挙協力をしない方針を伝えた。また、再来年の都議選などでも選挙協力をしないことや、都議会での協力関係も解消する考えも示した。

東京二八区（練馬区東部）の公明党候補者への選挙協力を、自民党が拒否したことへの「報復措置」なのだろうが、筆者には合理性がないように見える。今回の措置によって自民党に不満を伝えることはできたかもしれないが、一方、公明党にとってもプラスはなく、むしろデメリットの方が大きかったように思えるからだ。

公明党が同選挙区の候補者擁立にこだわるのは、「比例代表の頭打ち傾向や関西圏での議席減が見込まれる分を東京で補いたい」との思惑とされる。しかし、それならば、自民党執行部と緊密な連絡を取りながら、自民党の地元組織が受け入れやすい形を慎重に模索すべきだった。

小選挙区で勝利するには自民党支持者の票をいかに獲得するかがポイントのはずだ。ところが、今回は「その選挙区、よこせ」と言わんばかりにことを進め、地元の自民党組織の反発を招いた。これでは仮に候補者の擁立ができたとしても当選は覚束ない。

今回の措置で、結局、東京小選挙区での候補者擁立はできなくなり、すでに公明党候補が決まっている東京二八区での自民党からの協力まで辞退することとなった。公明党の議席を増やすという観点からは、むしろマイナスだったのではないか。

今回の動きを「連立離脱への助走」と見る向きもある。石井幹事長は今回の対応は「東京に限定している話」「連立関係に影響を及ぼすつもりはない」と強調するが、亀裂がさらに深まれば連立解消に発展する可能性は否定できない。

しかし、この局面で連立を解消しても、公明党にとって良いことはないだろう。与党の責任から離れることで、野党としてのメリットが得られれば良いが、そうはいかない。例えば、「防衛費財源確保法」にしても、その必要性を主張してきた経緯からして、いまさら「増税反対」というわけにはいかない。つまり、野党になっても「防衛増税」への批判は受けて立つしかないということだ。これは他の政策でも同様だ。

石井幹事長の「東京における自公の信頼関係は地に落ちた」との発言にも違和感を覚える。連立を維持するといいながら、こんな刺激的な発言を、わざわざ記者団の前でする必要があるのか。必然性がなく、芝居がかっているとさえいえる。

自公選挙協力の実効性が下がることで得をするのは野党の方だ。そんな損得勘定ができない公明党ではあるまい。だとすれば真意はどこにあるのか。現時点で納得できるような解説は見当たらない。

公明党の国交相ポスト要求発言に問題あり（令和5・7・27）

記者会見で述べる話か

最近の公明党はどうしてしまったのだろう。

公明党の山口代表は七月一八日の記者会見で、一〇年以上担ってきた国土交通相ポストについて、次の内閣改造でも引き続き求める意向を示した。これは「問題発言」といっていい。

第一に、党首会談ならともかく、記者会見の場で大臣ポストの希望を述べることなど、ありえない。そもそも閣僚任命権は首相にあり、このような発言自体、首相に対して失礼だろう。

それに、本当に公明党が国交相のポストを再び得たいと思っているなら、この時期に声高に要求するのは得策とはいえない。議論が大きくなればなるほど、「公明党が同ポストを継続するのは問題」との意見が勢いを増すのは当然だ。議論を提起して損をするのは公明党の方だ。

山口代表は会見で、内閣改造をするかどうか、岸田首相が正式に表明していないことを指摘して「予断を持った発言は控えたい」と語尾を濁した。だったら、なおのこと、最初から発言しない方がよかった。


自公関係がギクシャクするのを「理念、政策が違うのだから当然だ」と解説する人もいるが、違うと考える。

政策が近い方が連立はうまくいく」というのは神話に過ぎない。一般の人間関係でも、意見が近いからと言ってウマが合うとは限らないのと同じだ。むしろ、意見や考え方が違っているからこそ、互いに刺激を受け、尊敬しあう関係になることもある。

自公連立は当初、政策の似通った自民党、自由党との連立（自自連立）に公明党が加わる形でスタートした（自自公連立）。ところが、政策が近くても信頼関係が保てない自由党がほどなく離脱し、「水と油」と言われる自公連立が残った。それが野党時代をはさんで今日まで続いている。

筆者は両党の連携が長く続いたのは、双方が違いを認め合ったからだと見ている。違いを認め合うということは互いに尊敬しあうということであり、具体的には「顔を立てる」「面子をつぶさない」ということだ。要するに、「意見は違うが、信頼できる」というのが自公連立だったといえる。

最近の両党はその原点を忘れていないか。原因は双方にあるのだろうが、筆者には公明党から「大人げない」発言が続いているのが気にかかる。

石井啓一幹事長が五月、選挙協力をめぐり、「東京における自公の信頼関係は地に落ちた」と発言したのはその典型だ。仮にそうだったとしても、記者団の前で大見得を切って発言する性質のものではないだろう。

今回のポストの話もそうだ。

こんなことをしていたら、公明党は遠からず自民党から愛想をつかされることになるのではないか。

公明党代表、幹事長が衆院解散時期に言及（令和6・3・14）

失われつつある「大人の態度」

来年度予算の年度内成立が確実なものとなったことで、永田町ではにわかに「解散」観測が強くなっている。

こうしたなか、公明党の山口代表は三月五日の記者会見で、「信頼回復するトレンドをつくり出さない限り解散すべきでない」と述べた。

また、石井啓一幹事長も一〇日放送のＢＳテレ東の番組で解散時期に言及。自民党総裁選後の九月の可能性が高いとの見通しを示す一方、国会会期末での解散について、「（自民党の派閥政治資金パーティーの問題に対する）しっかりとした再発防止策を講じた上で、内閣支持率が向上していく流れができるかどうかだ」と否定的な見解を示した。

これらの発言は、解散に向けた動きをけん制するのが目的だろう。しかし、首相の専権事項である解散権の行使に予断を与えるような発言はしないというのが、責任ある立場にある者の「たしなみ」というものだ。

連立与党の党首、幹事長である両氏は、そのことを知らないのだろうか。それとも、首相をないがしろにする意図で、あえて発言しているのか。


昨年、同党と自民党との関係は大きく揺らいだ。

小選挙区における両党の公認調整が進まないことに苛立ち、五月には石井幹事長が記者団の前で「東京における自公の信頼関係は地に落ちた」と激しい言葉で自民党を批判した。その後、関係を修復した形となったものの、そこまで言うのであれば、連立を離脱してしかるべきではなかったか。

七月にも内閣改造に際し、あからさまに国土交通大臣のポストを要求した。閣僚人事権に対する介入で、これも首相の顔に泥を塗るに等しい態度といえる。

本来、「水と油」の両党が、ほぼ四半世紀にわたって協力関係を維持できたのは、お互いに相手の立場を尊重しながら、大所高所から妥協点を見出してきたからだ。しかし、最近の公明党からは、そうした「大人の態度」が失われつつあるのではないか。

政党政治とは、本来、単独政権をめざす習性を持つ。自民党とて、好んで公明党と連立しているわけではなく、参院で過半数を制していないことから、やむを得ず連立を組んでいる。連立政権とはそうしたガラス細工のような構図の上に成立している政治体制にほかならない。

公明党との調整に自民党が疲れれば、「仮に少数与党になったとしても、連立を解消したい」との誘惑にかられる可能性は否定できない。

いずれにせよ、この一年間の公明党のふるまいは、自民党内にくすぶる「公明党との連立解消論」を刺激したことは間違いない。今年も同じようなことが続けば、両党関係は遠からず限界を迎えると見た方が良いのかもしれない。

立憲民主党の新執行部発足（令和4・8・28）

党内の政策論議を活性化できるか

立憲民主党は八月二六日、幹事長に岡田克也元外相（六九）、政調会長に長妻昭元厚労相（六二）、国対委員長には安住淳元財務相（六〇）といった顔ぶれの新執行部を発足させた。旧民主党政権時代に重要ポストを務めたベテランで固めた布陣だが、ここまで「昔の名前」が並ぶと、さすがに「やり過ぎ」感は否めない。

さっそく、維新の松井一郎代表（当時）からは「どう見ても岡田代表に安住幹事長といった感じで、泉さんは政調会長代理あたりのポジションに見える」と揶揄する声が上がった。

また、幹事長に就任した岡田氏は、旧民進党代表時代に連合が距離を置く共産党との共闘を進めた過去がある。連合の芳野友子会長も「懸念があるかないかと言われると、懸念はある」と苦い顔だ。

今回の役員改選で泉代表は自分以外の役員はすべて交代させ、留任は一人もいなかった。泉氏の前執行部への不満は相当なものではないか。なりふり構わず、有力者の助力を得る以外、この局面は乗り切れないと判断したのだろう。泉氏にとって、まさに背水の陣なのである。

なぜ、立憲民主党が衆院選、参院選と議席を減らし続けているかといえば、対決路線に走るあまり、有権者に響く政策を打ち出せなかったからだ。そのことは、同党自身も「有権者に何をしたい政党か分からないと受け取られた」（同党の選挙総括）と分析している。だとすれば新執行部が取り組むべきは一にも二にも政策論議を活性化させ、同党の政策を錬磨する以外にない。はたして新執行部にその意思があるかどうか。

特に急がなければならないのは安全保障政策だ。

尖閣列島や日本近海における中国やロシアの動きや北朝鮮のミサイル問題など、わが国の安全保障環境が緊迫の度を深めている。これを受け政府・与党は年末に向けて「国家安全保障戦略（国家安保戦略）」など安保三文書の改訂に動いている。

それにもかかわらず、立憲民主党は、いまだに安倍政権時代の「安保法制反対」から抜け出ていないといって過言ではない。一周も二周も遅れていると言っていい。

はたして立憲民主党はどのような立場で臨時国会の論戦に臨むのか。なおも「安保法制反対」を貫くのか。いずれにしても立憲民主党としての見解をまとめなければ論争のしようがない。単なる「批判路線」や「揚げ足取り路線」への回帰では、参院選と同じ轍をふむことになりかねない。

安保政策は旧民主党政権時代から続く立憲民主党の最大弱点である。これを克服しない限り、泉代表が目指す「政権交代可能な政党」になることはできない。旧民主党政権の失敗経験を持つベテラン執行部はそのことを十分知っているはずだ。

立憲民主党は安倍元首相の国葬に出席すべし（令和4・9・4）

野党第一党の欠席は対外イメージ損う

安倍元首相の国葬儀が九月二七日に執り行われる。

岸田文雄首相は三一日の記者会見で、国葬儀を決定した理由を

①憲政史上最長の八年八カ月にわたり首相を務めた

②東日本大震災からの復興、日本経済の再生、日米関係を基軸に戦略的外交を主導し、平和秩序に貢献

③諸外国における議会の追悼決議や、服喪の決定、各国首脳を含む国際社会からの高い評価

④民主主義の根幹である選挙活動中の非業の死であり、こうした暴力に屈しないとの毅然たる姿勢を示す

――の四点を示し、国民の理解を求めた。また、閉会中審査に出席して説明する方針も

示した。

この一カ月間、世界各地で安倍氏の功績をたたえる動きが広がり、日本政府に寄せられた追悼メッセージは二六〇〇の国・地域や機関などから計一七〇〇件以上にのぼる。追悼メッセージは各国の現職首脳だけでなく、米国のトランプ前大統領やドイツのメルケル前首相らからも寄せられている。

こうした世界からの弔意に対する国家の儀礼として国葬儀を行うことは常識的判断といっていい。世論調査のなかには賛否が拮抗しているものもあるが、筆者は多くの国民は納得しているのではないかと見ている。


こうした中、共産党は国葬儀に欠席する方針を打ち出した。安倍氏と闘ってきた同党としては「安倍の『ア』も認められない」との思いなのかもしれない。

それにしても、志位和夫委員長が九月一日に出した「安倍元首相が行った、憲法違反の安保法制の強行をはじめとする立憲主義破壊の暴政の数々、憲法九条改定にむけた暴走、『アベノミクス』など貧困と格差を広げた経済政策、『森友・加計・桜を見る会』などの数々の国政私物化疑惑を、国家として公認し、安倍政治への『敬意』を国民に強要することになる」との声明はいかがなものか。生前、いくら政治的立場が異なったにせよ、死者に対してここまで罵倒する必要があるのか。大人としての常識を疑う。

立憲民主党（立民党）もおかしい。

泉健太代表自身は「国が関与する儀式は一つ一つ重たい。本来であれば基本的に出席する前提に立っている」と述べるなど、出席したい意向を持っているようだ。しかし、岡田克也幹事長は欠席の方向での発言を繰り返している。泉氏がそれに抵抗することはできないだろう。欠席するとすれば、理由は何か。共産党と同じか、それとも党利党略か。

いずれにせよ、立民党が欠席すれば、外国からの弔問者に日本の議会政治、民主政治の未熟さを印象付けることになるだろう。野党とはいえ、責任の重さは、共産党と野党第一党の立民党とでは大きく違う。立民党はそのことを自覚すべきだ。

沖縄県知事選と立民党（令和4・9・22）
鳩山政権「閣議決定」の責任はどこへ

先の沖縄県知事選で立憲民主党など野党四党の推薦を受けた現職の玉城デニー氏が再選された。当選した玉城氏は「辺野古新基地建設が大きな争点だった。一ミリもぶれることなく県民と（反対の）思いを共有する」と鼻息は荒い。

政府は米軍普天間飛行場の辺野古への移設のための工事を粛々と進める方針だが、同知事も選挙結果を受けて一歩も引かない構えだ。

米軍普天間飛行場の移転問題は長い経緯を持つ。様々な解決案が検討された末、ようやく現在の辺野古移設案に決まったのが二〇〇六年。当時のロードマップによれば、二〇一四年までに代替施設を建設して移設することになっていた。

ところが民主党の鳩山由紀夫氏は二〇〇九年九月の総選挙で「最低でも県外」と県民の

不安と不信を煽って選挙戦に勝利。首相に就任すると、これまでの合意を白紙にしたうえで代替案を模索したが、長年の案に代わるアイデアが簡単に見つかるはずもなく、迷走のすえ、結局、翌年五月、元通りの辺野古移設計画を閣議決定するしかなかった。

この閣議決定には、前代表の枝野幸男氏が当時の行政刷新相として署名し、さらに、この八月から立憲民主党の幹事長に就任した岡田克也氏が外相として、同政調会長の長妻昭氏も厚労相として署名している。

混乱の末とはいえ、民主党政権が辺野古移設を閣議決定した事実は重い。これにより辺野古移設が自公政権、民主党政権共通の決定になったからだ。

ところが、である。枝野氏は前回沖縄知事選の直前の二〇一八年八月二九日、再び「移設反対」を表明する。「辺野古に新たな基地を建設しない解決策に向け、米政府と再交渉すべき」「沖縄の分断と対立を生む建設を強行し続けることは、あまりにも無理がある」をその理由として挙げた。

しかし、米国と交渉しても問題が解決しないから、鳩山政権は辺野古移設の閣議決定をしたのではなかったか。それに「沖縄の分断と対立」は民主党政権によるドタバタが原因だ。他人事のような枝野氏の説明は首を傾げざるを得ない。

時間がいくら経過しても、所属政党が変わっても、閣議決定に署名した事実は消せない。「綸言汗のごとし」だ。もし、閣議決定と違う主張をするのであれば、政治生命をかけた説明が必要だろう。

当時の閣僚経験者はまだ数多く現役議員として残っている。当時の迷走を真摯に反省して、どうすればこの問題を解決できるかに尽力すべきではないか。岡田幹事長や長妻政調会長のように、立民党の要職にあるとすれば、なおさらだ。もちろん、枝野氏も代表を退いたとはいえ同様である。

「閣議決定」が簡単に反故にされるのを許すことは、それこそ同党が掲げる「立憲主義」に反することになるのではないか。

立民党は次回政権交代を目指さないのか（令和4・12・8）
「次の次」とはいつの日のことか

立民党は今臨時国会で国会答弁が二転三転した山際大志郎コロナ担相、失言問題の葉梨康弘法相、政治資金問題の寺田稔総務相を責めて辞任に追い込んだ。まさに追及型野党としての存在感を示した形だ。しかし、野党第一党は政権交代を目指し、真正面から政権与党に政策論争を挑む存在であることを忘れてはいないか。

立民党は十月に七兆円規模の経済対策を打ち出している。二九兆円と比べてあまりにも小さいが、巨額の財政支出を行う政府案に対する一定の見識といっていい。ところが、予算委員会の審議では秋葉賢也復興相の疑惑追及ばかりが目立ち、「二九兆円VS七兆円」の政策論争を政府に挑むことはなかった。

国民の多くは、立民が大臣の疑惑追及に力を注いでいることは知っていたとしても、経済対策で対案を掲げていることを知る人はほとんどいない。これでは、「立民党に次の政権を期待したい」と思う人が増えてこないのは当然だ。国会の主導権を握りながら、立民党の支持率が一向に増えない原因はここにあるのではないか。

一方、政権獲得を目指す以上、安全保障、防衛問題について、立民党がどのように考えるかを示すことは極めて重要だ。本来なら、旧統一教会の被害者救済問題で見せたように、立民党の主張を政府・与党に取り入れさせる国会論戦を、安保・防衛問題でこそ行うべきだった。しかし、今臨時国会中、与党内では防衛三文書や防衛費の在り方について様々な議論が交わされていたにも関わらず、この問題を立民党が積極的に取り上げることはなかった。

そうしたなか、泉健太代表が就任一年を迎えた一一月三〇日、朝日の取材に対して「次の総選挙で政権獲得目指さず」と述べた。これには驚いた。インタビューした朝日記者も同様の思いを感じているらしく、「次の選挙では政権を目指さないということか」と念押しの質問をしている。これに対して泉代表はあっさりと「政権交代を本格的に目指すのは次の次だ」と言ってのけている。

「次の次」の衆院選となれば、最長で七年後か、最短で四、五年後か。泉氏が代表か、どうかもわからない。なんとも拍子抜けする発言だが、この発言が同党内で問題になっているわけでもないようだ。どうやら、立民党内の共通認識なのかもしれない。

旧民社党の初代委員長を務めた西尾末広氏は「政権を捕らない政党は、ネズミを捕らぬネコと同じだ」と述べた。しかし、結果として、ネズミを捕獲できなかったとしても、野党第一党である以上、ネズミを捕獲する意志だけは、失ってはならないのではないか。今国会の立民党を見てそういう感想をもった。

「国会審議なく防衛三文書決定」批判は的外れ（令和5・1・19）

議論を避けてきたのは立民党

一月二三日に召集される今通常国会の最大テーマは、昨年末に閣議決定された「安保三文書」とその実現のための財源をめぐる議論だろう。

しかし、立民党の安住淳国対委員長は「国会での審議や説明がないまま一方的に決めた」「政策決定の手法として大きな問題がある」などと述べ、決定過程に対する批判を展開している。

「手続き論」を問題にして審議を引き延ばそうとするのは社会党以来の国会戦術だが、古い手法にしがみつくのはやめて、真正面から防衛増税を含む「内容」に対する論戦を展開すべきではないか。

そもそも「国会での審議や説明がないまま一方的に決めた」との批判は的外れだ。安保政策に限らず、およそ政策というものは、まず、閣議決定によって内閣の方針が決定され、それを実現するための予算や法案が国会に提出される。そこで初めて国会での議論が始まるのであって、閣議決定の前に国会審議が行われなかったことに何の問題もない。

それでも、「安保三文書」策定が極秘裏に進められ、突然、決定されたのであれば、そうした批判も成り立つかもしれない。しかし、岸田首相は昨年一月の施政方針演説の段階で「安保三文書」策定を「概ね一年をかけて」行うことを表明し、さらに、昨年秋の臨時国会では、防衛力の内容の検討や、そのための予算規模及び財源の確保について「年内に結論を出す」方針を明らかにしている。

もし、これに異論があれば、この一年間にいくらでも国会で取り上げることができたはずで、それをしなかった責任は立民党側にある。

岡田克也幹事長はある報道番組で、この問題に対する考えを問われた際、「政府の具体的提案をよく見て決めたい」旨の発言をして、その問いには答えなかった。党略として国会論戦を避けたとすれば、なおさら、「国会での審議なく…」との批判は当たらない。

筆者は昨年、当欄で立民党が国政選挙で負け続ける根本原因として、安保・防衛政策が非現実的で、政権選択を迫られた国民の受け皿になっていないことを指摘した。そのうえで、政府・与党が安保・防衛政策の転換について盛んに議論している以上、立民党としても党内論議を進めるべきだと提言した。

しかし、昨年の臨時国会を通じ、旧統一教会問題に対する熱心さに比べ、この問題に関しては、その半分の熱意も伝わってこなかった。年末に代表談話を出したことはせめてもの救いだが、その内容はあいまい、不透明で、とても野党第一党にふさわしいものとは言えない。

これまでの安保・防衛政策の大転換である。与野党通じて最も質疑時間が割り当てられるのが立民党である。通常国会ではその財源の在り方を含めてどうするのか、政府・与党とがっぷり四つの論戦を繰り広げてもらいたい。

立民党・泉代表の代表質問（令和5・2・2）
対決姿勢を強調するも現実的政策もアピール

防衛費増額問題に対する泉健太立民党代表の代表質問は、政府・与党との「対決姿勢」を強調するものだった。

まず、「まさに額ありき、増税ありき、国会での議論なし、乱暴な決定ではないか」と岸田首相を詰問した。

しかし、この批判はそのまま同党にブーメランする。首相が「少子化対策」を表明するや、各党がそれぞれの政策を主張している今国会と同様に、防衛費増強の方針を表明した昨年の通常国会でも、この問題を議論することは可能だった。そうした議論を避けてきたのはむしろ立民党の方だ。

「国民の皆さん、野党六党も防衛増税に反対だ。力を合わせて、防衛増税に反対をしよう。

そしてもし、総理がその方針を変えないなら、解散総選挙でその防衛増税反対の意思を示そうではないか」との言いぶりもいかがなものか。

増税批判をあおって世論を味方にしたいのかもしれないが、野党第一党の党首の言葉としては、政治的思惑があからさま過ぎないか。

さらに、泉氏は「反撃能力（敵地攻撃能力）」の保有について、「相手国のミサイル発射着手段階における日本からの敵基地攻撃は国際法違反の先制攻撃にならざるを得ず、反対の立場だ」と宣言した。

しかし、北朝鮮がかつてない頻度でミサイル発射を繰り返し、中国も軍事演習で日本の排他的経済水域（ＥＥＺ）内にミサイルを撃ち込んでいる現実をどう考えるのか。あたかも、「ミサイルを撃ち込まれても座して死を待て」という主張のように感ずるのは筆者だけだろうか。

一方、泉氏は昨年、同党としてとりまとめた「外交安全保障戦略の方向性」に触れて「立憲民主党が現実的に訴えていることをご理解いただけると思う」と胸を張った。

確かに、同文書は北朝鮮や中国の動向に軍備増強に触れながら、「他国からの侵害・侵略を抑止する能力」や「抑止が破れ国民に多大な犠牲が生じることを避けるための対処力を備える」ことについて「不可欠」との認識を表明している。

もし、同文書に記載されている「防衛力強化」策を実現しようとした場合、一定以上の防衛費増額が必要なのではないか。また、「ミサイルの長射程化など、ミサイル能力の向上は必要」とも主張している。長射程化したミサイルの保有は、結果的に「反撃能力の保有」になるのではないか。

そうだとすれば、泉氏の「対決姿勢」は何なのか。本当に、立民党全体の見解なのか。それとも、党内の「左の壁」には受け入れられていない一部見解に過ぎないのか。

いずれにしても、予算審議では、わが国の国益と安全をどう守っていくのかについての建設的な議論を求めたい。

立憲民主党「失われた一〇年検証プロジェクトチーム」（令和5・2・9）
検証すべきは旧民主党の「言動」ではないのか

立憲民主党の安住淳国対委員長は二月一日、「失われた一〇年検証プロジェクトチーム」を設置すると発表した。同氏は「この一〇年、少子化をつくってきたのは自民党政権」と述べたうえで、民主党政権の目玉政策を列挙。「結局われわれが正しかったんじゃないか」と設置の意義を強調する。しかし、本当にそうか。

「子ども手当」は、そもそも、政策的に破綻していた。

まず、財源の手当てが全くできていなかった。配偶者控除や扶養控除の廃止や行政経費の無駄削除で財源を捻出できると豪語していたが、詳細な検討を経たものではなかった。案の定、財源探しは難航し、結局一年限りの時限立法で実施せざるを得なかった。

また、制度設計も粗雑で、支給対象となる子供範囲や支給先の「扶養者」の定義もあいまいだった。そんな制度だからわずか二年で立ち行かなくなったのも当然だ。

また、同制度廃止を決定したのは、民主党政権自身であることも指摘しておきたい。子ども手当廃止を決めたのは菅直人政権時代の二〇一一年八月の民主・自民・公明の三党幹事長・政調会長会談だ。

この時に、同年九月末に期限が切れる子ども手当を翌年三月まで存続させるものの、それ以降は従来の児童手当を復活・拡充させることで合意した。これを受け翌年三月、野田佳彦内閣が提出した児童手当改正法によって「子ども手当」は正式に廃止された。

岡田克也・立憲民主党幹事長は当時、民主党幹事長で、この合意の取りまとめ責任者、長妻昭政調会長は厚生労働大臣で政府側の責任者だった。また、安住国対委員長は廃止法案提出時の財務大臣で、財源探しの責任者ともいえる立場だった。

こうした過去を持ちながら、「所得制限に象徴される子ども子育てに対する後ろ向きの姿勢がなければ、今の事態は避けられた」（岡田幹事長）、「この一〇年で自民党政権が少子化対策を遅らせたという自覚はあるのか」（長妻政調会長）などという資格があるだろうか。

その時に、なぜ、体を張って存続に努力しなかったのか。今になって、「当時の野党が反対したから」というのは責任転嫁も甚だしい、と言わざるを得ない。

もし、立憲民主党が「失われた一〇年政策検証プロジェクトチーム」で検証するなら、できないことをできるかのように選挙で訴えた旧・民主党の体質にこそメスを入れるべきだ。

旧・民主党は、肝心のこの部分を反省することなしに、自公政権を批判し続けたために、「自分の失敗は棚に上げて、他人の失敗ばかり批判する」、「具体策を示さず、揚げ足取りに終始する」といったイメージが定着してしまったのではないか。

立憲民主党は同じ轍を踏んではならない。「検証」すべきは自分自身に他ならないのではないか。

泉代表の「ミッション型政権」構想は実現するか（令和6・1・11）

現政権の何を変え、何を踏襲するかの議論が不可欠

立憲民主党の泉健太代表が「ミッション型政権」構想を唱えている。実現すべき課題《ミッション》を限定した臨時、緊急的な野党連立政権を樹立し、政治の転換を図るというのがその内容のようだ。

連立対象は特定していないが、泉氏が「ミッション」の候補として教育無償化やガソリン税のトリガー条項の凍結解除を挙げているところを見ると、日本維新の会や国民民主党を念頭に置いているのだろう。

注目すべきは「ミッション」以外の政策は、現政権の政策を踏襲するとの方針を打ち出している点だ。同党の外交・安保政策や原子力政策などを脇に置かなければ、日本維新の会や国民民主党との連携が不可能なことは自明の理としても、「現政権の政策を踏襲」とは、ずいぶん思い切った言い方のように感ずる。

ただ、政権交代が起きても現在の政権と外交・安保政策が大きく変わらないとすれば、同党への安心感は一気に増大するだろう。泉氏の狙いは案外、そこら辺にあるのかもしれない。

はたして、泉氏の構想は実現するのか。

驚くべきは、これまで何度も記者会見で泉氏がこの構想について言及し、記者団の質問を受けているにもかかわらず、この構想に関する党内議論が行われた形跡が見えないことだ。

それが事実だとすれば、泉氏の発言は政権構想でもなんでもなく、単なる個人的なアイデアに過ぎないということになってしまう。これは手続き論としておかしい。このままでは、他党に対して正式に呼びかけることもできない。早急に党内手続きを進めるべきだ。

しかし、単に党内手続きを経ればよいというものではない。その前提として、関係する部門会議での政策論議が不可欠となる。

例えば、沖縄県の米軍普天間基地の移設問題について、これまで同党は沖縄県側の主張に同調してきたが、「ミッション政権」の方針だからと、手のひらを反して、現在の政府の立場を踏襲できるだろうか。

要するに、現在の安保政策・外交方針の何を継承し、何を継承しないかについて予め考え方を整理しておかなければ、旧民主党政権の鳩山由紀夫内閣の二の舞になってしまうということだ。

これは安保・外交政策だけに限らず、すべての政策分野について言えることだ。だとすれば、同党が通常国会召集までに取り組むべきは、自民党を批判するための材料探しではなく、党内の政策論議に、より大きな力を注ぐべきではないか。

いずれにしても、久々に野党の側から出てきた政権構想である。いまだその全容は明らかではないが、事態の推移に合わせて徐々に明らかになっていくのではないか。今後、泉氏がどう動くか、折に触れて論評していきたい。

「ミッション型内閣」構想への本気度を問う（令和6・2・15）
幹部間の意思は共有されているのか

はたして泉健太立憲民主党代表は「ミッション型内閣」構想を本当に実現したいと思っているのだろうか。泉代表の動きや同党の動きを見ていると、とても「本気度」が感じられない。

同構想は野党各党が一致できる政策《ミッション》に絞って実現するための野党連立政権を樹立しようというもの。筆者は今年一月一一日付当欄で、同構想に対して①同構想を同党として正式決定すべき②「ミッション型内閣」として、現在の政府方針を引き継げるものと引き継げないものとを整理すべき——の二点を注文した。

①については、どのような党内手続きが行われたか判然としないが、泉代表が代表質問や定期党大会という、より公式な場でこの構想を訴えている以上、同党の正式方針として

承認されていると理解して良いのかもしれない。しかし、語っているのは泉代表ばかりで、岡田克也幹事長や長妻昭政調会長ら党幹部の口からはこの構想に関する発言が聞こえてこない。これはいったいどうしたことか。この構想が同党の幹部間で本当に共有されているのだろうか。その疑念を拭い去ることはできない。

本来なら、党首がここまで公言している以上、岡田幹事長は速やかに各党に対して、何らかの働きかけを行ってしかるべきだ。壇上から呼びかけるだけで、まさか「正式提案」をしていると思っているわけではあるまい。やはり、党首が会談し、直接、説明するのが礼儀というものだ。その段取りをつけるのが幹事長の仕事だ。ところが、そうした動きは全く見えない。これも「本気度」が疑われる理由だ。

②については、泉代表は二月一日、「次の内閣」会合で、「ミッション型内閣を実現するために、各分野で他の各党の政策との相違点や共通点を点検してほしい」と呼び掛けたという。遅きに失している観は否めないが、それでも一歩前進だ。問題は、この発言を受けて各部門会議は具体的に動き出しているのかどうかだ。しかし、筆者の知る限り、そのようには見えない。

泉代表が言うように、新党結成と違い、連立政権は理念や全ての政策を一致させる必要はない。しかし、内閣を組織する以上、少なくとも「当面の政策の一致」は不可欠だ。維新の会や国民民主党もその点を指摘して消極姿勢を示している。

例えば、「ミッション型内閣」は、同党が反対姿勢を表明してきた米軍普天間基地の移設問題に対してどのようなスタンスをとるのか。もし、そこを解決する意思がなければ、政権構想の実現は不可能だ。

単に「言うだけ」の構想ならば、最初から言わない方がいい。泉代表および立憲民主党の同構想実現に対する決意を示してほしい。

「党首討論」開催は立民党の熱意次第（令和6・6・6）

国家ビジョンや政策体系で競わなければ盛り上がらず

二三日の国会会期末を控えて、党首討論が行われるかどうかが注目されている。四月の与野党国対委員長会談で「今国会中の開催」が合意されているというが、実際に開催できるかどうかは、立憲民主党の熱意次第だろう。党首討論は野党第一党のための制度といって過言ではない。その他の政党にとってメリットは少ないからだ。

党首討論の導入に努力したのは、立民の前身である民主党だ。この制度は英国議会の「クエスチョンタイム」を模して作られている。

野党第一党の党首を「影の首相」のように待遇する仕組みで、実態を超えた〝厚遇〟といえる。そこに「政権交代の機運を盛り上げたい」という、当時の民主党の思惑があった。新進党分裂で野党第一党に躍り出た民主党が、自民党を説得して勝ち取った「国会改革」の成果といえる。

しかし、政権交代への意欲がなければ党首討論を開催する必要は薄れる。開会実績がそれを雄弁に証明している。

二〇〇〇年の制度導入から政権交代までの九年間の党首討論の開会数は四七回。年平均五回以上開かれていたことになる。民主党が熱心に働きかけたからだ。反対に民主党政権下では、野党第一党だった自民党が開会を求め、三年余の間に一〇回開かれている。

ところが、民主党政権崩壊で政権交代の熱が冷めたのか意欲は一気に低下した。一三年から二三年までの一一年間で一一回。立民が結成された一八年以降に限って言えば四回しかない。党首討論で自らの政策をアピールするより、予算委で政権の「落ち度」を追及する方を優先したからだ。

予算委は長時間、首相を拘束して一方的に追及できる。これに対して党首討論は時間も短い。また、「質疑」ではなく「討論」なので、首相にも「質問権」が認められており、思わぬ反撃を受ける可能性がある。

実際、二一年六月の党首討論では、当時の枝野幸男代表が、菅義偉首相から、立民の掲げる「ゼロコロナ政策」について逆質問されてしどろもどろになった。「追及型」の質問を得意とする枝野氏にとって、討論スタイルは苦手なのかもしれない。

その後、党首討論は一度も開かれていない。はたして、現在の泉健太代表はどうか。一部には党首討論の「不要論」もささやかれているが、低調な議論の原因は、「影の首相」に遇せられているにもかかわらず、立民がそれにふさわしい国家ビジョンや政策体系を持ち合わせていないことにある。政策を競わなければ党首討論は盛り上がらない。「批判の多い現内閣」か「批判ばかりの野党政権」のどちらかを選べといわれても、国民は戸惑うばかりだ。せめて、今国会中に党首討論を開いて政権交代を目指す立民のビジョンや政策を聞きたいものだ。

「ゆ」党維新の会は何処へ行く（令和5・4・20）
野党が掲げる政策も与党と同じレベルで検証すべき

日本維新の会（維新）に注目が集まっている。

統一地方選前半戦で大阪府知事・市長選で勝利したほか、奈良県知事選でも勝利した。地方議員選でも大きく議席を伸ばし、その勢いは関西圏以外にも及んでいる。まさに馬場伸幸代表が掲げる「全国政党」化への一歩を踏み出したといっていいのではないか。

維新の会は「ゆ」党といわれる。「ゆ」は、や行の「や」と「よ」の間にあることから、与党でも野党でもないとの意味だ。しかし、いつまで「ゆ」党というわけにはいかない。やがて野党第一党となって「や」党になり、さらに、「よ」党を目指さなくてはならない。

実は立憲民主党（立民）の前身の民主党も結成されたころは「ゆ」党と呼ばれていた。当時、小沢一郎氏が率いる新進党が野党第一党で、民主党が第二党だった。しかし、新進党が解党し、民主党が第一党になると、何かにつけて政府・与党に「反対」するようになった。野党第一党というのはそういうものなのかもしれない。維新の会は「批判のための批判はしない」としているが、「や」党になっても今の姿勢を維持できるだろうか。

ところで、対決路線に転じた民主党はその後、自公政権を追い詰め、ついに二〇〇九年、政権を獲得する。しかし、野党時代に豪語していた「無駄の削除」による財源ねん出に失敗。政権交代の看板だった主要公約が実現できず、国民の深い失望を買うことになった。与党批判を優先するあまり、自らの政策に対する検証をおろそかにしたことが原因だ。はたして維新の会は民主党と同じ轍を踏むことはないだろうか。

筆者は、政権交代を実現するためには、野党が掲げる政策であっても、与党と同じレベルで検証される必要があると考えている。これまでは、与党の政策は重箱の隅をつつくようなチェックが行われるのに対して、野党の政策は矛盾があっても大目に見られてきた。これでは国民は本当のところを選ぶことができない。民主党政権の失敗は、メディアをはじめとする「野党甘やかし」の結果ともいえるのだ。馬場氏は「次の衆院選で民主党から野党第一党の座を奪取する」との目標を公言してはばからない。そのうえで、「野党第一党になった際には、自公政権の政策に対案を出し、国会での議論をみてもらって、その次の国政選挙で国民の判断をあおぐ」との政権獲得戦略を描く。

その心意気やよし。しかし現在、同党が掲げる「維新八策」や「日本大改革プラン」では対案としていささか心もとない。さらなる具体化、「磨きをかける」ことが不可欠である。維新の会は、まだまだ進化しなければならない。馬場氏のリーダーシップに期待したい。

立民を超えた日本維新の会の支持率（令和5・6・9）

より具体的な政策発信が不可欠

日本維新の会（維新）の支持率が立民党を上回る世論調査が相次いでいる。また、立民党と維新の期待度を問う調査でも、二倍近い差をつけて維新が上回っている結果も出ている。少なくとも、世論調査上は、すでに維新が野党第一党となったといっていいのかもしれない。

維新は野党といっても「革新色」が薄い。特に、外交・安全保障政策では、自衛隊・日米安保はもとより、反撃能力の保有も「当然」との考え方だ。そのための防衛費もGDP比二％以上必要と主張する。しかも、その財源は行政改革や歳出改革、さらに景気回復による歳入増で「賄える」と断言するところに同党政策の特徴がある。

小選挙区制中心の選挙制度を導入した「政治改革」の目的は、政権交代可能な政党政治の実現にあった。しかし、米軍普天間基地移設問題や、中国漁船の体当たり事件などに対応できなかった民主党政権が下野して以降、政権交代への機運は大きく後退した。同党やその後継政党である立民党の外交・安保政策への不信が政権交代を躊躇させる要因となったからだ。

その点、維新は違う。もしかすると、久しぶりに「政権交代の受け皿」となる政党に成長する可能性があるのではないか。そうした国民の思いが維新への期待や支持率上昇の背景にあるように思える。

維新の馬場伸幸代表は五月の同党大会で「来たる衆院選で野党第一党の議席を獲得することが次の目標」と高らかに宣言、すべての小選挙区に候補者を擁立する方針を示した。しかし、選挙対策面の積極姿勢に比べ、政策に関する情報発信が少ないのではないか。

昨年参院選の公約を見ると、あまりにシンプルでミニ政党の域を出ていないとの印象をぬぐえない。

例えば、国民の関心の高い「社会保障制度」について、「持続不可能な年金など、破綻寸前の仕組みを大転換。最低所得補償制度（ベーシックインカムまたは給付付き税額控除）

を基軸とした制度に再構築」と記述するのみだ。何やら「大改革」を考えているようだが、それがどのようなものか、これだけでは具体的なイメージが湧いてこない。

自公政権に代わる実力をつけるまで、政策の多少の矛盾には目をつむるべきとの意見があるかもしれない。しかし、筆者は、民主党政権が失敗した原因は、与党を批判しようとするあまり、自らの政策検証をおろそかにしたことにあると考えている。同じ轍を踏まないためには、維新自身が批判をおそれずに積極的に自らの政策を発信し、切磋琢磨していくことが不可欠だ。

そうした過程を経てこそ、維新が本当の「政権交代の受け皿」に成長していくのか。今後の維新の政策発信を注視したい。

「成立しない不信任案」は無駄か（令和5・6・15）
わかりにくい維新の「反対」理由

立憲民主党が内閣不信任案の提出を検討しているという。そのことに賛否両論があるのは否定しない。ただ、「成立可能性のない内閣不信任案提出は無駄」との主張には異議を唱えたい。

もし、そうした論理が成り立つのであれば、成立可能性のない少数意見は全て「無駄」ということになってしまう。それはおかしい。少数意見であっても、良い意見に耳を傾け、取り入れていくのが国会のあるべき姿であるはずだ。現実は理想通りには進まないとしても、「成立可能性のない提案は無駄」と言い切ってしまっては、身もふたもないではないか。

なぜ、立民党の内閣不信任案はこれほど悪しざまにいわれるのか。実は、これには理由がある。

前代表の枝野幸男氏が二〇一八年六月の安倍晋三内閣への不信任案の趣旨弁明で三時間

弱、二〇二一年の菅義偉内閣への同趣旨弁明でも一時間半にわたって長広舌を振るった過去があるからだ。

趣旨弁明は通常は一五分程度だから、枝野議員の発言時間はまったく常軌を逸しているといえる。終了後、枝野氏は「(自分が首相就任後）所信表明として申し上げる内容を、一部先行して申し上げた」と、鼻高々に語ったが、首相の演説でさえ三〇分程度だ。

その何倍もの長さの演説をする正当性はどこにもない。おそらく、立民党以外の議員は辟易して聞いていたに違いない。こうした記憶が立民党の内閣不信任案への悪いイメージとして定着してしまったのではないか。

ところで、これまでの野党は内閣不信任案に賛成するのが普通だった。党によって不信任理由に違いはあっても、「内閣を信任せず」という結論では同じだからだ。

しかし、日本維新の会（維新）は安倍、菅両政権時代に提出された内閣不信任案に対し、ほぼ一貫して反対してきた。また、昨年六月の岸田内閣への不信任案に対しても国民民主党などとともに反対した。

なぜ、野党なのに不信任案に反対するのか。

同不信任案の討論に立った維新の議員は「不信任案に反対だからと言って、岸田内閣を信任するわけではない」と自らの立場を説明。そのうえで「(立民が)否決されることを前提に不信任案を提出する『茶番』に異議を唱えるため」と述べ、「反対」は立民党への抗議の意思表示であることを強調した。

しかし、内閣を信任しないにもかかわらず、不信任案に「反対」するのは分かりにくい。討論を聞かない一般の国民にとっては、まるで維新が与党の協力勢力に見えるだろう。

次の総選挙で維新は立民党に代わって「野党第一党」を目指すという。そうであれば、不信任案に対して、岸田政権に対する姿勢を明快に表明するべきではないか。

維新は「政権交代の受け皿」を目指せ（令和5・7・13）
「不満の受け皿」だけでは失速必至

日本維新の会（維新）が次期総選挙に向けて候補者擁立に拍車をかけている。こうしたなか、立民の現職や旧民主党の元職、公認されなかった自民新人らが維新からの出馬を目指す動きが相次いでいる。

維新の藤田幹事長によれば、候補者発掘のための「維新政治塾」の受講生約五五〇人のうち、「他党出身者が約一割はいる感触」とのこと。また、「わが党のスタンスに共感して、骨をうずめてくれる確認ができれば一緒に戦える」との考えも示しており、今後、こうした動きはさらに加速していくのではないか。

当選をめざして政党間を異動する政治家に対して、「裏切者」との批判もある。筆者はこうした意見に賛成しないが、所属政党が変わったからといって、手のひらを返すように古巣を批判したり、これまでの主張を臆面なく変えたりする人の信用度は低くならざるを得ない。いずれにしても、有権者に対する説明は不可欠だろう。維新が統一地方選などで大きく躍進したのは、長引くデフレや少子化、人口減少など、閉塞感を打破できない自民党政治への不満がある。また、「サル発言」に象徴される立憲民主党（立民）の劣化も一因といえるだろう。

要するに「不満の受け皿」としての追い風といっていい。しかし、そうした不満をどう解消していくかについて、維新が具体策を示しているかといえば、決して十分とはいえない。これまで国民の不満を吸収する形で議席を伸ばした政党はいくつもあったが、「追い風」が収まるとたちまち失速してしまうのが常だった。他党への批判を優先するあまり、自らの政策を錬磨することを怠ったからだ。維新には同じ轍を踏んでほしくない。目指すべきは「不満の受け皿」ではなく、自公政権に代わる「政権の受け皿」であるはずだ。その意味で、具体的な政策の提示こそ、同党が早急に取り組むべき課題ではないか。

ところで、維新は今なお大阪に党本部を置いている。同党の実態が大阪知事、市長、そして府議、市議が所属する「大阪維新の会」が中心であって、政党としての実務もそこで行われているからだろう。

「一極集中是正の実践だ」との言い分もあるかもしれない。しかし、国政政党を目指すのであれば、党本部はやはり国会のある東京に置くべきではないか。

同党前身の「大阪維新の会」設立の二枚看板であった松井一郎氏（元大阪府知事、前大阪市長）、橋下徹氏（元大阪市長・前大阪府知事）への配慮があるのかもしれない。しかし、いつまでも「大阪維新の会」に拘泥していては、大阪以外の有権者の信頼を得られないだろう。「野党第一党の座を奪取する」との本気度が問われかねない。

玉木氏再選も連立政権入りは簡単ではない（令和5・9・7）

公明党以上に難しい国民民主との候補者調整

与党との連携を重視する玉木雄一郎氏が九月二日、国民民主党（国民民主）の代表に再選された。これにより同党の連立政権入りを予測する向きがあるが、筆者はそう簡単なものではないと見る。

なぜかと言えば、与党第一党にとって、様々な「配慮」を要求される連立パートナーは必要最小限が望ましいからだ。公明だけでも手を焼いているのに、これに国民民主が加われば、さらに調整はむずかしくなる。自公連立で衆参両院の過半数を確保しているなか、わざわざ国民民主を加える必要はないのではないか。

第二の理由は選挙協力だ。

中選挙区制時代なら問題はないが、小選挙区制中心の選挙制度の下で連立を組む場合、与党間の候補者調整が不可避だ。連立政権として同じ政策の実現を目指す以上、与党の候補者どうしが同じ選挙区で舌戦を繰り広げるのは格好の良いものではない。

公明は小選挙区での候補者擁立が少ないからなんとかなっているが、国民民主は多くの選挙区で自民と競合する。候補者調整の困難さは公明との比ではないだろう。

第三に、連立への機運が醸成されていないことだ。

玉木氏は代表選で連立入りを掲げて戦ったわけでなく「与党との連携も排除しない」と言ったに過ぎない。もし、連立の正式交渉に入るなら、改めて党大会などに諮る必要があるだろう。

代表選を戦った前原誠司氏は六年前、民進党（旧民主党）代表として「希望の党」への合流を、ほぼ独断で決めた。

政党は国会議員だけのものではない。まして国民民主は右派社会党、民社党などの流れを汲む伝統ある政党だ。

長年にわたって同党を支えてきた党員、支持者も多い。国会議員の都合だけで離合集散することが、いかに悲惨な結果をもたらすかは、玉木氏自身が、嫌というほど経験しているはずだ。前原氏と似たようなことをするわけにはいかないだろう。

国民民主の連立政権入りがあるとすれば自公の連立関係が解消された場合ではないか。しかし、あくまで、解消後の話だ。そうでなければ、公明を追い出すための連立加入と受け取られかねない。自公の関係がギクシャクしているとはいえ、玉木氏もそんな「人聞きの悪い話」には乗れないだろう。

それでも、次の総選挙で自公両党が大きく過半数を割り込んだ場合、連立を呼び掛けられるかもしれない。しかし、選挙で「ＮＯ」を突き付けられた政権に入ることを簡単に決められるだろうか。その場合は、国民民主の方が政権入りを拒む可能性の方が高いのではないか。

連立は最も重い政党間協力の形態だ。一時のムードでくっついたり離れたりする性質のものではない。筆者は次の総選挙までに連立の組み換えはないと見る。

ポスト山口は代表選で（令和4・9・29）
創価学会頼りの体質脱皮を

任期満了に伴う公明党代表選が九月一五日告示された。しかし、山口那津男代表（七〇）のほかに立候補の届け出がなく、無投票で同氏の八選が決まった。これを受けて公明党は二五日、党大会でこれを正式に承認。山口代表の八期目がスタートした。

任期は二〇二四年九月までの原則二年。任期満了すれば在任期間一六年。わが国憲政史上、共産党の志位和夫委員長の二一年余に次ぐ長さとなる。

山口氏は石井啓一幹事長（六四）を続投させ、政調会長に高木陽介選対委員長（六二）、後任の選対委員長には西田実仁参院議員会長（六〇）を登用した。北側一雄中央幹事会長（六九）と佐藤茂樹国対委員長（六三）は再任した。なんとしても後継代表を育てたいとの山口氏の思いがうかがわれる。

公明党は一九六四年の結党以来、代表選に複数の候補者が立候補したことがない。支持母体・創価学会の意向を踏まえ、事前に調整していることが理由とされる。もちろん「政教分離」の建前から、表立って宗教法人の創価学会が政党の、しかも与党の一角である公明党人事に介入しているとは言えない。

ただ、公明党は国政、地方を問わず、創価学会の熱狂的な選挙応援を受けているのは周知の事実。それだけに、創価学会の信任が厚いことが、代表としての必須条件であるのは、ある程度やむを得ないことだろう。また、政党として、支持団体の意向を付度することも、必ずしも否定できないのではないか。

しかし、そろそろ、そうした創価学会頼りの体質から脱皮しても良い時期なのではないか。

小渕恵三内閣で「自自公」連立として政権入りしてからすでに二三年。この間、自由党が連立離脱し「自公」政権に変わったり、自民党とともに下野したりという紆余曲折があった。そうした風雪に耐え、いまや押しも押されもせぬ政権与党である。

民主党政権のふがいなさや、現在の立憲民主党の非力さを考えると、やはり自公連立以外にわが国の政権を担える枠組みはないのではないか。そうであればこそ、公明党には幅広い支持基盤を持つ国民政党に成長してもらいたいと期待したい。

そのきっかけとなるのが、複数の立候補者による開かれた党代表選ではないか。

実は今回、党内の中堅・若手議員の一部からは結党以来、一度も代表選が行われていないことに不満の声も出ていた。複数の立候補者による政策論争が公明党の存在をアピールすることになるし、代表選を通じて人材も磨かれる。

二年後、ポスト山口氏の後任は立党以来初の代表選で選出することを期待したいが、はたしてどうだろうか。

岸田首相論

支持率急落に一喜一憂するな（令和4・10・13）

生半可な世論迎合は「火に油」

岸田内閣の支持率が急落している。不支持率も支持率を逆転した。発足以来、五〇％以上の支持率を維持してきた岸田首相にとっては、内心穏やかではないだろう。早く元の水準に戻したい思いもあるのではないか。

しかし、焦りは禁物である。数字に一喜一憂することなく、やるべき課題に全力投球すべきだ。

世論調査の支持率という点では、第二次安倍内閣はかなりの高水準だったと言える。民主党政権から政権奪還した発足時から六〇％台をマークし、その後二年もの間、五〇％前後をキープした。

この背景には「民主党政権の失敗」という要素があるのではないか。「民主党政権はこりごり」との国民の思いが安倍政権の支持率をかさ上げしたのである。

しかし、政権交代から一〇年も経過すれば、民主党政権の記憶はだんだん薄れてくる。私は菅義偉政権以降、「民主党政権の失敗」効果がほぼなくなったのではないかと見ている。

政権交代前、世論調査の内閣支持率はそれほど高くなかった。例外的に高かった時期もあったが、安倍政権ほど長続きしたことはなかった。野党が吸収できない政治的不満を含め、自民党が世論の矢面に立っていたからだ。つまり、「政治が悪いのはすべて自民党の責任」だったのである。

政党政治において与党と野党は車の両輪だ。野党不在は「一輪走行」だ。選挙において弱い野党は好都合かもしれないが、世論をまとめていく上では過重負担となる。

七〇年代の自民党がそうだった。社会党に政権獲得の意思と能力がないことが国民の共通認識となるなか、自民党は佐藤栄作政権に対する国民の「飽き」と向き合って田中角栄政権を作り、その次には振り子を逆方向に押して三木武夫内閣を誕生させた。

その後も福田内閣、大平内閣と短期間で内閣を交代させていかざるを得なかった。この間、党内抗争も激しく、政策も大きく振幅した。自民党単独で内外の課題と世論に対応するためには、多くの代償が必要だったのである。

さて、現在である。岸田首相がいうようにわが国は内外に多くの課題を抱え「国難」ともいえる難局に直面している。それだけに国民の不安や不満もこれまで以上に充満している。ちょっとしたきっかけで「荒ぶる世論」に変化しやすい状況なのである。

このような世論に生半可に迎合をすると火に油を注ぐ結果となる。一方の意見に加担すると、もう一方の意見が不満の声を上げるという悪循環である。

ここは、腰を据えて問題の本質を把握し、沈静化していくしかない。

岸田首相は所信表明演説で「厳しい意見を聞く姿勢」を強調した。もちろん、それも大事だが、それ以上に重要なのは「本質を見抜く力」ではないか。

急浮上した旧統一教会問題　首相は「関係を断つ」の基準示せ（令和4・10・20）

臨時国会の焦点の一つが旧統一教会問題である。安倍晋三元首相を暗殺した犯人の動機に同教団の存在が報じられたことから、この問題が一気に政治の一大テーマに浮上した。

結果として、犯人の犯行目的が達成された形になっているが、私は国会でこの問題を議論することは有益だと考える。間違っても「凶行にも理由がある」との風潮を生まないようにしなければならない。しかし、議論が錯綜し、本質が見えにくくなっている現状からして、国会という公の場でバランスの取れた議論を行うことは不可欠だ。

これまでの議論では政治家と同教団との「接点」ばかりが焦点となっているが、政治家が宗教団体と関係を持つことや支援を受けることは違法でもなんでもない。また、少なくとも現時点においては、同教団がオウム真理教や指定暴力団のような反社会団体と認定されているわけではなく、「付き合いがあった」こと自体を「悪」と決めつけるような議論はおかしい。

この問題がクローズアップされるまで、これほど大きな社会問題を引き起こしている団体であることが広く認識されていたとは言い難かった。ただ、今後は政治家個々が認識を改め、関係を見直すことは当然だ。その意味で岸田首相が「関係を断つ」と表明した意味は大きい。

難しいのは具体的にどのように「関係を断つ」かである。例えば同教団の信者が秘書だった場合、その信仰を理由に解雇できるだろうか。一定の線引きをすることになるだろうが、その際、憲法が定める「信教の自由」、「結社の自由」に抵触しないよう注意しなければならない。

問題は同教団によって政治や行政が歪められたかどうかだ。もし、「歪められた」と主張するならば、具体的な事実をもって追求する必要がある。一部報道を独自調査もせずに取り上げ、「ないことを証明せよ」というのは無益な論争である。

そもそも同教団が実際にどのような問題を引き起こしているのか、国会の場で事実関係を明らかにする必要がある。高額の寄付金の問題や、いわゆる「二世信者」問題など、同種の問題が他の宗教団体に起きていないのかも調査すべきではないか。

また、「霊感商法」や多額の寄付金問題にどう対応するかは大きなテーマである。場合によっては与野党共同で法改正も行うべきではないか。

同教団に対し解散命令の請求を行うべきとの主張もある。政府は慎重姿勢だが、宗教法人法の在り方も含め幅広い議論をすればよい。

本稿が掲載される頃には予算委員会の議論が終わっているかもしれないが、予算委員会に限らず、関係の委員会でも専門的な議論を深めるべきだ。問題解決に向けた建設的な議論を期待したい。

旧統一教会問題に「前のめり」過ぎる岸田首相（令和4・11・10）

失われた丁寧で慎重な政権運営

これまでの岸田首相の政権運営は丁寧で慎重であった。党内各派や国民世論の動向など、八方に目配りを欠かさなかった。時には面子にこだわらず、方針転換もいとわない。「がまん」と「辛抱」の政権運営だったといえる。

ところが、旧統一教会問題が表面化後、当初の丁寧で慎重な政権運営が見られない。最近の岸田首相を見ていると「えっ、それはないだろう」といいたくなる言動が目立つ。

その典型的な例が、経済再生相を辞任したばかりの山際大志郎氏を党のコロナ対策本部長に起用したことである。同氏は旧統一教会問題に関連し、国会答弁、記者会見で虚偽発言を繰り返し、内閣支持率を急落させた元凶といっても過言ではない。国民は山際氏の嘘が次々と発覚して辞職に追い込まれた事実を知っている。その山際氏を、なぜ、わざわざ党のコロナ対策の責任者に起用しなければならないのか。

また、岸田首相は一〇月二四日の衆院予算委員会で旧統一教会の被害者、被害者弁護団弁護士と面会する意向を示した。しかし、はたして、この時点で、首相の立場として面会する必要があるのか。首相は八日、被害者とひそかに面会していた事実を明らかにした。首相がいうように、「被害者、弁護士の方々をはじめとする関係団体の意見を聞くことは大事」であることは否定しない。ただ、急いで面会する必要があったのか。教団や被害の実態などが明らかになってからでも遅くなかった。

私には旧統一教会問題に対する首相の姿勢が「前のめり」過ぎるように思えてならない。この問題は信教の自由、結社の自由との兼ね合いや、宗教法人と行政の関係など専門的な議論を深める必要がある。

そのためには、例えば、憲法、刑法・民法、宗教の学者、弁護士など、専門家による諮問委員会などを設置するのも一つの方法ではないか。少なくとも、一時の国民感情を背景に政治判断で押し切っていく筋合いのものでないことだけははっきりしている。

岸田首相が最優先で取り組むべきは、旧統一教会問題ではなく、経済対策である。政府は先に決定した総合経済対策を実施するための令和四年度第二次補正予算案を国会に提出するが、一日も早く審議入りし、速やかに成立させることが大事だ。

一方、今月に入って以降、北朝鮮のミサイル発射は常軌を逸している。また、中国の台湾海峡やわが国の尖閣諸島における行動も目が離せない。安全保障上、これほどの緊張感が高まった状況はこれまでなかったのではないか。

何よりも重要なのは大局観だ。そのためには、政府部内や与党との意思疎通、情報共有が欠かせない。そのうえで、担当者や専門家の議論に任せる部分と政治判断すべきところをしっかり仕分けることも必要ではないか。

歴史的な「防衛三文書」閣議決定（令和4・12・22）
岸田首相の決断力、指導力を評価する

岸田文雄首相は一二月一六日、「国家安全保障戦略」「国家防衛戦略」「防衛力整備計画」の「安保三文書」を閣議決定した。

中国に対して「これまでにない最大の戦略的挑戦」との認識をはっきり表明したほか、敵ミサイル拠点などへの打撃力を持つことで攻撃を躊躇させる「反撃能力」の保有を明記した。これまでのわが国安全保障政策を大きく転換する歴史的な決定と言える。

これを実現するための防衛費の総額は、来年度から五年間で四三兆円程度を見込む。その四分の三は歳出改革などで捻出するが、残り四分の一については法人、所得、たばこの各税を引き上げる方針も決定した。ただし、具体的な引き上げ時期については来年度以降の税制改正で議論する。

「決断力がない」「実行力がない」などと批判されてきた岸田首相だが、今回の決定過程で見せた決断力、指導力は率直に評価しなければならないだろう。特に、最大の関門だった防衛予算の規模や財源確保について、岸田首相は一切ぶれることなく、政府・与党をリードした。

同日の会見で岸田首相は「裏付けとなる安定財源は将来世代に先送りすることなく、今を生きる我々が将来世代への責任として対応すべきもの」「防衛力を抜本的に強化することは端的に言えば、戦闘機やミサイルを購入することだ。これを借金で賄うことが本当に良いのか」と述べ、安定財源の確保に理解を求めた。また、「将来、国民に負担を頂くことが明らかであるにも関わらず、それを今年示さないのでは説明責任を果たしたことにならない」とも強調した。

会見での岸田首相の言葉に熱がこもっていると感じた人も多かったのではないか。相当な思い入れがあったのだろう。

自民党内には「財源は国債で賄うべき」「財源は今決めなくてもよい」との根強い意見があった。しかし、この点については岸田首相の主張の方が、筋が通っている。もし、曖昧な財源決定だったなら、わが国の「意思」に疑問符がつけられていたかもしれない。

約四〇年前、作家のイザヤ・ベンダサン氏は『日本人とユダヤ人』の中で「日本人は水と安全はタダと思っている」と指摘し、大きな反響を呼んだ。そろそろ日本人は、それらを維持するには、努力と一定のコストが必要なことを自覚しなければならないのではないか。

岸田首相の次なる課題は、防衛力強化の初年度となる来年度予算の早期成立に全力を尽くすことだ。閣議決定を経たとはいえ、国会論戦を乗り切らなければ「絵にかいた餅」になってしまう。反対派はあらゆる「落ち度」を探して、今回の決定を無きものにしようとしてくることは想像に難くない。今後も、気を引き締めて政権運営に臨まなければならない。

ＬＧＢＴ法案を政権延命に使うな（令和5・2・16）
なし崩し的に結論を出す問題ではない

岸田文雄首相が、性的少数者への発言で秘書官を更迭したことを機に、「ＬＧＢＴ理解増進法案」が一気に国会の焦点に急浮上している。

その背景に、秘書官発言で疑問符がつけられた「多様性を尊重し、包摂的な社会を実現していく」との政府方針のアリバイとして同法案を使おうという、岸田首相の思惑があるのではないか。

自民党の茂木敏充幹事長は六日、「今後、多様性という考え方はより重要になってきている。わが党においても、引き続き提出に向けた準備を進めていきたい」と述べ、同法案の提出準備を進める考えを表明した。

また、超党派の「ＬＧＢＴに関する課題を考える議員連盟」（超党派議連）も、にわかに活動を活発化、「五月のＧ7広島サミットまでに法案の成立を目指す」と意気込む。

しかし、同法案は秘書官のしりぬぐいに使われるほど軽いものではない。

同法案は一昨年、議員立法として各党の党内手続きが進められていたが、自民党内から強い反対論が出され、最終的に、国会提出が見送られた経緯がある。同法案中の「性的指向およびジェンダーアイデンティティを理由とする差別は許されない」という文言に対して「差別の対象が明確でなく、訴訟の多発を招きかねない」などの疑問が多数出されたことが大きな要因だ。

性的少数者が人前で侮辱されたり、不当な扱いを受けたりすることがあってはならないことは当然である。しかし、法的な問題をきちんと整理しておかなければ、かえって混乱をまねくことになりかねない。特に「性自認」の問題は医師の意見を聞くことも重要ではないか。

政局的な思惑で拙速に議論することは、最も避けなければならないことだ。そのうえで、「差別の対象」を明確にするなど、反対派を説得する作業も丁寧に行うべきだ。

また、同法案が成立すると、「夫婦別姓」「同性婚」の問題にも踏み込まざるを得ないとの懸念する向きも多い。何よりも、これらの問題はまだまだ国民に多くの議論が残っていることを岸田首相は自覚すべきである。なし崩し的に結論を出すべきでないことは明らかである。

岸田首相は八日の衆院予算委員会の答弁で、「自民党でも提出に向けた準備を進めていくことを確認しており、こうした動きを尊重しつつ、見守りたい」と述べ、一歩ひいた態度を装う。しかし、実際には同法案に対する姿勢が「前のめり」であることは否めない。

想定外の秘書官発言に動揺しているのかもしれないが、首相が自らの政権延命のために、社会の根本を揺るがしかねない法案を天秤にかけることは断じて許されない。誤ったリーダーシップを発揮して議論を急かすことがないように強く要望したい。

岸田首相は自らの言葉で憲法改正を語れ（令和5・3・2）

より強いリーダーシップを発揮せよ

岸田文雄首相は二月二六日の自民党大会で「時代は憲法の早期改正を求めていると感じている」と述べ、憲法改正に意欲を示した。「子供たちに日本を着実に引き継ぐ」「自衛隊の明記、緊急事態対応、合区解消、教育の充実、いずれも先送りできない課題ばかりだ」

だが、こうした意欲的な言葉とは裏腹に岸田首相の動きは鈍い。国会の憲法調査会の議論を「期待する」「歓迎する」というばかりで、自らは何も動いていないのだ。

行政府の長としての配慮から、一歩引いた形にとどめているのかもしれないが、このままでは、いつまでたっても議論は進まないと危惧するのは筆者だけではあるまい。

一九四七年五月三日の施行以来、七〇年以上もの間、ただの一度も改正されていない現行憲法と、現実との乖離《かいり》は、さまざまな分野に及んでいる。

改正が急がれるのは、やはり、「戦争の放棄」「戦力の不保持」「交戦権の否認」などを定めた第九条や、有事での対応に関する緊急事態をめぐる条項など、安全保障に関する部分だろう。

岸田政権は昨年一二月に「国家安全保障戦略」「国家防衛戦略」「防衛力整備計画」の新たな「安保三文書」を閣議決定した。敵のミサイル拠点などへの打撃力を持つことで、攻撃を躊躇《ちゅうちょ》させる「反撃能力の保有」を明記するなど、安保政策を大転換する内容だ。

しかし、どんなに防衛力を強化したところで、「自らの国は自らが守る」という国民の〝意思〟が定まらなければ、国防は機能しない。

残念ながら、世界には「ならず者国家」が存在する。

北朝鮮は存在を誇示するかのように弾道ミサイルを乱射し、わが国の排他的経済水域（EEZ）に着弾させ、時には領土の上空を通過させる暴挙を繰り返している。核開発の加速も懸念される。

中国も覇権主義を加速し、軍事演習と称してわが国のEEZ内に弾道ミサイルを撃ち込んだ。ウクライナを侵略するロシアは北方領土の不法占拠を続け、日本周辺での軍事活動を活発化させる。

わが国の安全保障環境は戦後、最も厳しい状況にあるといっても過言ではない。憲法の前文は「平和を愛する諸国民の公正と信義に信頼してわれらの安全と生存を保持」とうたっているが、こうした状況にはほど遠い。

世論も変化した。かつては閣僚が「憲法改正」と口にしただけで暴言や失言扱いされた。だが、閣僚が憲法に従い職務にあたることと、憲法改正を議論することは〝別次元〟の話だと理解されるようになってきた。

自民党に加え、日本維新の会、国民民主党、立憲民主党など野党各党にも、憲法改正に理解を示す議員が少なからず存在する。

機は熟しつつある。岸田首相は自らの言葉で、日本国憲法のあるべき姿を国民に語り掛けるべきではないか。憲法改正に向けたより強いリーダーシップを求めたい。

岸田首相は憲法改正の牽引を（令和5・5・11）

意欲を示すだけでは進まない

日本国憲法は「憲法記念日」の五月三日、施行から七六年を迎えた。憲法は国の基本法だ。各国は時代の変化、状況に対応するための憲法改正を行ってきた。

現行憲法には、国民主権、基本的人権の尊重や平和主義といった優れた面もあるが、けっして「不磨の大典」ではない。これほど長い間、憲法を一度も改正したことがないのは世界中探してもわが国だけではないか。

実際、現行憲法では対応できない現実があることも否定できない。自民党が国会の憲法審査会に提案している四項目——

①九条一項・二項とその解釈を維持し、憲法に自衛隊（自衛権）を明記

②参議院の合区解消、各都道府県から必ず一人以上選出

③緊急事態における国会の機能の維持
④教育の重要性を国の理念として位置づけ、国民誰もがその機会を享受できるようにする（私学助成の規定を現状に即した表現に変更する）

——は、最低限の改正項目ではないか。特に、わが国周辺の「ならず者国家」への対応は喫緊の課題である。北朝鮮は存在を誇示するかのように弾道ミサイルを乱射し、わが国の排他的経済水域（ＥＥＺ）に着弾させ、時には領土の上空を通過させる暴挙を繰り返している。また、中国は覇権主義を加速し、軍事演習と称して、わが国のＥＥＺ内に弾道ミサイルを撃ち込んだ。さらにウクライナを侵略しているロシアは、専制主義国家化を進め、不法占拠を続ける北方領土を含む日本周辺での軍事活動を活発化させている。

わが国の安全保障環境は戦後、最も厳しい状況にあり、最悪といって過言ではない。こうした中、少なくとも、憲法学者の間で「自衛隊違憲論」がはびこるような事態だけでも早急に解消すべきだろう。岸田文雄首相（自民党総裁）は憲法記念日に産経新聞の単独インタビューに応じ、自身が表明している令和六年九月までの自民党総裁任期中の憲法改正実現について「強い思いはいささかも変わりない」と強調した。また、岸田首相は今年二月二六日の自民党大会でも、「時代は憲法の早期改正を求めていると感じている」と述べ、憲法改正への強い意欲を示している。

しかし、意欲だけでは憲法改正は出来ない。いま、岸田首相に求められることは、憲法改正への実践的言動である。国民に対し、憲法改正の必要性を丁寧に訴えて、理解を得ることだ。例えば、自民党の都道府県連の組織や人材をさらに動かすなど、自民党総裁としてもっとリーダーシップを発揮する場面があっても良いのではないか。自民党の結党精神の柱は憲法改正である。今こそ、岸田首相と自民党は原点に立ち返り、あらゆる方法で憲法改正を牽引すべき時が来ている、と考える。

「四面楚歌」状態の「岸田」経済対策（令和5・11・9）

健全財政派、積極財政派双方から批判

岸田首相が一一月二日に決定した、減税を含む総額一七兆円余の経済対策に対する評判がすこぶる悪い。ただ、批判する理由は論者によってまちまちだ。

全国紙各紙は決定翌日、軒並み批判的な社説を掲げたが、その内容は①経済は好転しており、経済対策で需要を刺激すべき局面ではない②わが国財政は悪化しており、これ以上の国債発行は抑制すべきだ③所得税（に限らず）減税は効果が薄い——といった健全財政派的な立場からの主張だった。

しかし、これが多数意見とは必ずしも言えない。むしろ、積極財政の考え方からすれば、こうした考え方こそが長年、デフレ脱却を阻んできたと異を唱えるかもしれない。

では、積極財政派は今回の経済対策をどう見ているのか。しかし、全国紙が批判するほどの財政支出を決定したにもかかわらず、やはり、「対策の時期が遅い」「規模が小さい」

「消費税減税が含まれていない」など、これまた批判の大合唱だ。

さらに、政策論ではなく、岸田首相の発言や姿勢への批判も少なくない。「減税は選挙目当てのバラマキ」「首相は財務省の言いなり」「首相のリーダーシップが見えない」などが代表的なものだが、これとて「一方的な決めつけだ」「リーダーシップがないどころか、独断専行し過ぎる」との異論もあり、論者によってバラバラだ。


しかし、いずれにしても、批判一色であることに変わりはない。まさに「四面楚歌」の状況と言っていいのではないか。

「信なくば立たず」という言葉がある。「信」がなければどのような政策を打ち出しても、国民の理解を得ることは難しい。今回の経済対策についても同様だ。どんなに政策の妥当性を説明しようとも、「信」がなければ国民の耳には届かない。

要するに、問われているのは、対策そのものではなく、岸田政権の正統性、すなわち政権が国民の「信」に立脚しているかどうかということではないか。岸田首相はその自覚を持つ必要がある。

筆者は岸田首相が「先送りできない」とする課題に取り組むのであれば、解散して国民の信を問うのが「憲政の常道」ではないかと指摘してきた。そろそろ、国民の信を問うことなしに、岸田政権が存続することが難しくなってきているように思える。

このままいけば、支持率の更なる低下は避けられず、政権内の求心力低下はさらに加速するだろう。それが更なる支持率低下を招くといった負の連鎖に陥ることは避けられない。「解散なし」が確定すれば、徐々に「岸田おろし」が顕在化していくと考えていたが、今回の世論の反応からすると、そのスピードは予想より早いと見た方が良いのかもしれない。

補正予算成立も「四面楚歌状態」続く（令和5・11・30）
感情論的色彩強める経済論議を危惧する

岸田政権が一一月に決定した経済対策の裏付けとなる今年度補正予算が成立した。与党の自民・公明両党に加え、日本維新の会、国民民主党が賛成にまわった。

筆者は一一月九日の当欄で、どこからも評価の声が上がらない岸田政権の経済対策を「四面楚歌状態」と形容したが、意外にも国会においては大多数の賛成を得る形となった。

国民民主党の賛成についてはは違和感がない。いわゆる「トリガー条項」の凍結解除への協議開始が賛成の決め手とのことだが、もともと「需給ギャップは解消していない」として一五兆円規模の経済対策を主張するなど、岸田首相と軌を一にする立場だった。

しかし、日本維新の会が賛成したのには、正直、驚いた。一〇月の同党経済対策では、「全体として日本経済は緩やかな回復軌道に乗りつつある」として、「大量の国債発行を原資としたバラマキ型の需要喚起を行うべきでない」としていたからだ。

もしかすると、一一月一五日に発表された今年七―九月期の実質国内総生産（ＧＤＰ）速報値が前期比〇・五％減、年率換算で二・一％減となったことが影響したのかもしれない。三・四半期ぶりのマイナス成長で、賃金の伸びが物価上昇に追いついていないことが消費を圧迫した。日本経済のデフレ脱却がそう簡単ではないことを裏付けるものといえる。同党が旗を振る大阪万博予算が盛り込まれていたとの要因があったにせよ、状況に応じて政策のスタンスを変えることはありうる話だ。

補正予算が成立したとはいえ、岸田政権の経済対策に対する「四面楚歌状態」は依然として続いている。最近の支持率低下の最大要因として挙げられているのは「政策に期待が持てない」との理由だ。しかし、これだけ批判一色の論調では、「期待できない」と回答するのは当然の帰結ともいえる。

ちなみに、全国紙各紙は一一月三日、「デフレギャップはほぼ解消しつつあり、景気刺激的な経済対策は必要ない」として、岸田首相の経済対策を批判した。しかし、約一〇日後の速報値は、「経済は回復しつつあるが、その力はまだ弱い」とする岸田首相の認識の方が正しかったことを証明したといえないか。

多くの人が反対しているからといって、それが間違っている政策とはいえない。同様に賛成が多いからといって、正しい政策とも限らない。

筆者は、最近の経済政策論議が、感情論的色彩を強めていることに危惧の念を抱いている。岸田首相の政策が正しいのか間違っているのか、現時点では分からない。少なくともいえることは、感情的な議論をいくら重ねても、正しい結論には到達しないということだ。

「解散できない首相」が支持率低下の原因（令和5・12・7）
岸田政権は地道に課題に取り組むほかなし

岸田内閣の支持率が下落している。副大臣が三人も辞任したとか、経済対策が不評といったことに原因を求める解説もあるが、理由はもっと単純だ。要するに、「解散できない首相」との烙印を押されたということだ。

岸田首相からすれば、「解散しなかった」だけで、「できなかった」わけではない、といいたいかもしれない。しかし、国民の受け取り方は違う。解散しなかったのは、「選挙で負ける」と判断したからだと思っている。選挙ができない政権は「信を失った政権」と同義だ。つまり、存続する資格のない政権ということになる。

岸田政権は昨年末以降、反撃能力保有を含む防衛力の抜本的強化、異次元の少子化対策、原子力の活用やマイナンバーカードの普及などの政策を矢継ぎ早に打ち出した。どれもが賛否が大きく分かれる問題だ。防衛力強化一つをとっても、本来なら一内閣では処理しきれないほどの大きな問題だ。

国会の多数を制している現状で、議席減のリスクを冒してわざわざ解散する必要はないと考えたのかもしれない。しかし、これほど大きな問題を、信を問うことなしに進められるはずはないだろう。まして「聞く力」を強調するなら、解散して真っ先に国民の声を聞いてしかるべきではなかったか。

年内解散は岸田政権にとって、避けて通れないハードルだったのだ。その認識を欠いたことが今日の状況を招いているといっていい。

一度失った政権の信用を取り戻すのは至難の業だ。

一部には思い切った「起死回生の一策」を打ち出すべきだとの意見もある。「憲法改正に踏み出せ」とか「消費税減税に踏み込め」「健康保険証廃止時期の延長を決断せよ」等など、いろいろなアイデアが出されている。

しかし、筆者は反対だ。現在のような状況では、どんな新機軸を打ち出しても「選挙目当て」「延命工作」「総裁選対策」と揶揄されるだけだ。それに、いずれも号令をかければ済むほど簡単な問題ではない。

岸田政権に残されている道は、目の前の課題に地道に取り組むことしかない。奇をてらうようなことはしない方がいい。

まずは来年度予算編成に全力を挙げることだ。特に、防衛力強化や少子化対策のための財源をめぐっては様々な意見が交錯している。どんな結論を出しても、減税と同じように前後左右から批判されるのは避けられない。ここは覚悟を決めて政策的合理性の観点から落としどころを探るしかない。

その上で来年通常国会の予算審議を着実に乗り切るなど、安定した政権運営を心掛けるべきだ。

もし、岸田政権が国民の信を取り戻すことがあるとすれば、こうした地道な努力が再評価されたときだろう。

岸田政権と宮沢政権の類似性（令和5・5・2）

「政治とカネ」に翻弄、慎重すぎる政権運営

筆者は、岸田文雄政権と宮沢喜一政権が似ていると思う。

両政権とも、広島県出身で宏池会の首相というだけではない。政治状況の急変により急遽《きゅうきょ》、登板のチャンスが巡ってきた点でも瓜《うり》二つだ。

宮沢氏が首相に就任したのは平成三年だ。若い海部俊樹氏が首相になった時点で、「宮沢首相の目はない」と言われていたが、その海部政権がにわかに退陣したことで、潮目が変わった。

岸田氏も「ポスト安倍晋三」を争う総裁選で敗北し、「終わった」と言われていた。ところが、菅義偉首相の総裁選辞退で状況が一変し、決選投票の末に政権の座に就いた。

政策課題よりも、「政治とカネ」の問題に翻弄されている点でも共通している。

宮沢政権発足の翌年、宏池会事務総長だった阿部文男・元北海道開発庁長官が受託収賄罪で逮捕された。さらに、金丸信副総裁の「闇献金問題」も発覚した。岸田政権と同様、汚職事件への対応をめぐって支持率を低下させた。

宮沢政権は、バブル崩壊やその後処理に失敗したと批判されるが、宮沢氏にとっては不本意に違いない。

当時、国民は日銀の急激な金融引き締めによる「バブル退治」に拍手喝采し、慎重姿勢を示す宮沢政権には批判的だった。宮沢氏は、バブル崩壊に伴う経済危機などに対応するため、公的資金による不良債権処理にも言及したが、当時の世論の「空気」では公的資金投入など論外だった。

もし、この時に宮沢氏の警鐘に耳を傾けていれば、日本経済はこれほど長いデフレに苦しまなくても済んだかもしれない。日本人は「政治とカネ」の問題に熱くなりすぎていたというべきではないか。

そのデフレ脱却に、三〇年以上の歳月を隔てて岸田政権が挑む。これも宮沢政権と岸田政権を結ぶ因縁かもしれない。

宮沢政権退陣の引き金は、党内の「政治改革推進」を求めるグループの造反で内閣不信任案が可決したことだ。宮沢氏は総辞職ではなく、迷わず解散を決断し、総選挙が終わると辞意表明した。あまりにサバサバとした姿が妙に印象的だったのを覚えている。

それにしても、なぜ、反主流派の造反の動きを知りながら、機先を制し解散しなかったのか。造反がなければ「過半数割れ」もなく、違った展開になったのではないか。宮沢氏は、慎重すぎる政局運営により、「追い込まれ解散」を余儀なくされてしまったように思えてならない。

この点についても、多くの解散のタイミングがありながら、先送りした岸田首相の政局運営との類似性を感ずる。

いよいよ、通常国会は最終盤を迎える。残り一カ月あまりの会期で岸田政権はどう動くのか。その際、宮沢政権はさまざまな点で教訓や参考になるのではないか。

政局展望

内閣改造、常識的には「なし」(令和4・11・24)

求心力低下時の人事に成功例なし

閣僚の「辞任ドミノ」などで内閣支持率が続落するなか、岸田文雄首相が一二月末から来年一月の通常国会召集までの間で、内閣改造・自民党役員人事を行う検討に入ったと一部メディアが報じた。ただし、断定ではなく、毎日新聞は「今後の臨時国会の状況などを踏まえて人事を断行するかどうかを判断する」(二三日朝刊)という。

筆者は、この時期の内閣改造・党役員人事はないだろう、と見る。

そもそも、人事を行えば必ずどこかに不満が出る。その不満を抑えるためには、一定以上の求心力が必要だ。わずか一カ月で閣僚三人が辞任した現在の岸田政権に、そういう体力はないのではないか。

過去の例を見ても、求心力が低下している時期に、人事を行って成功したためしがない。それどころか、それを契機に退陣に結び付くことすらある。菅義偉前首相も昨年九月、局面打開を狙った党役員人事が難航し、万策尽きて「総裁選不出馬」に追い込まれた。

それに、新しい閣僚に不祥事が発覚した場合、今度こそ内閣の命運に直結する。現閣僚を続投させる方がリスクは少ない。仮に人事を行っても、政権の骨格を大きく変えることはできない。だとすれば、国民に対するアピール度は限定的で、政権浮揚効果も期待できないだろう。

以上が「ない」と見る理由だが、参院選以後、岸田政権の政局運営を見ていると、まるで素人のような稚拙さが目立つ。特に、国会運営をめぐる不手際は目を覆いたくなるばかりだ。

閣僚三人が辞任した理由はお粗末で論評に値しないが、ここまで追い込まれた遠因は窮屈な国会日程のなか、野党に国会運営の主導権を握られたことにある。そのことへの反省や検証は不可欠ではないか。

わが国は現在、「国難」といえる状況にある。「平時」ではない。中国による「台湾有事」「日本有事」の脅威や、北朝鮮の相次ぐミサイル発射など、安全保障環境は戦後経験したことがないほどの緊張が高まっている。国内に目を転じれば、新型コロナが再び拡大の兆しを見せ、物価高騰への対応も急を要する。旧統一教会（世界平和統一家庭連合）問題も、岸田首相が決意を示した以上、一定の結論を出さなければならない。

こうしたなか、政局の乱れは外国勢力に付け入られる隙《すき》を生じかねない。特に、政府の活動原資となる来年度予算が成立するまでは、国家として最も脆弱《ぜいじゃく》な時期といえる。岸田首相は一心不乱に政府・与党を牽引《けんいん》していく責任がある。

岸田政権六月までの退陣なし（令和5・1・5）

乗り切れば新たな政局始まる

令和五年最初の稿でもあるので、今年前半の岸田文雄政権がどうなるか展望してみたい。結論を先に言えば、引き続き、綱渡りの政権運営を強いられることになるものの、少なくとも六月までの退陣はないというのが筆者の見立てである。

前半、最大の関門は通常国会の予算審議である。昨年の補正予算で二九兆円規模の経済対策を打ったものの、依然としてわが国経済を取り巻く状況は厳しい。

一〇年にわたる「アベノミクス」でも克服できなかったデフレに加え、ロシアのウクライナ侵略などによる資源高、物価高が重くのしかかる。

来年度予算に盛り込まれた経済政策が十分かどうか、厳しい論戦が交わされることになるだろう。また、来年度予算は防衛力強化の初年度となる。昨年末閣議決定した防衛三文書に記載された「反撃能力」や防衛費の財源問題など、これに反対の立場の立民党や共産党などは激しく政府を攻撃するだろう。なんといっても、これまでの安保政策の歴史的大転換である。政府答弁の難易度はこれまでになく高い。もし、答弁ミスが発生すれば、たちまち立ち往生となる。

加えて、旧統一教会問題や大臣の不祥事も引き続き追及材料だ。まさに難問山積である。

はたして、これらを乗り越えて来年度予算の年度内成立を果たせるかどうか。もし、昨年の臨時国会のような不手際が続くと、岸田首相の「不人気」が原因で統一地方選の自民党候補に悪影響が出かねない。さらに四月下旬には衆院補選がある。ここで自民党候補が敗れることになれば、一気に「岸田退陣論」が現実味を帯びてくる。

しかし、仮にこうした事態になったとしても、退陣に向けて政局が動くのは統一地方選や衆院補選が終わる四月下旬だ。また、五月には広島サミットがあることから、その直前の退陣は考えにくい。結局、退陣表明が行われるのは六月中旬の通常国会の会期末近くになってからだろう。その後、自民党総裁選が行われ、実際に政権が変わるのは七月末か八月になるのではないか。

以上が六月までの退陣はないと考える理由である。

逆に、予算が順調に成立し、統一地方選、衆院補選もそこそこの結果を残すことができれば、岸田政権は昨年来の窮地を脱した形となる。そこから先は秋に向けた新たな政局が始まることになる。

もちろん、大災害や安全保障上の事件、あるいは岸田首相自身の健康問題やスキャンダルなどが発生すれば話は別である。政界は「一寸先は闇」といわれる。何が起こるか分からない。

「ニュース裏表」との本コラム名の通り、今年もニュースを多角的に考える視点を提供できるよう努力していきたい。

吹き始めた「解散風」（令和5・4・6）
常識的には秋口だが会期末解散も

今年度予算が成立した三月二八日の前後、永田町に「四月解散説」が駆け巡った。公明党の山口那津男代表は三月二八日、岸田首相が控室を訪れた際、「統一地方選始まりますね」と声をかけられた際に「解散じゃないですね」と念押しし、「いや、統一地方選です」とのやり取りがあったことを、わざわざメディアに明かした。また、同日の自民党・梶山弘志幹事長代行の記者会見でも、全国紙記者が「四月解散について一部で観測が出ている」と質問した。ここまでストレートに解散の有無を聞くのは珍しいが、それほど信ぴょう性をもってこの説が語られていたということなのだろうか。

これまで、岸田政権に対しては「解散できないのではないか」との先入観があった。また、「（昨年の）参院選が終われば、選挙がない『黄金の三年間』となる」、「岸田首相は解散のリスクを冒さず、一期だけで総裁を降りるのではないか」といった観測もあった。さらに、昨年末の時点では、解散どころか、むしろ「いつ岸田政権は退陣するか」に関する予測の方が多かったといえる。

ところが、そうした説を信じる向きには支持率の急回復は想定外だったのではないか。これが「いつでも解散はあり得る」とパニック的に四月解散説が拡散した背景ではないか。

しかし、いくらなんでも四月解散は常識的ではない。

まず、統一地方選中に、わざわざ解散しなければならない理由が見当たらない。また、来年度予算が成立したとはいえ、その支出の根拠となる予算関連法案がほとんど成立していない。五月の広島サミットも控えている。

ただ、四月解散がなかったにせよ、これを機に「解散風」が吹き始めたのは間違いない。

筆者は本欄で二回にわたりサミット以降、「解散時期を探る展開」との見通しを述べた。もちろん、地方選や五つの衆参補選の結果次第だが、基本的にこの予想に変わりはない。ただし、これまでサミット直後の今通常国会会期末ではなく、秋前後の解散が常識的だと考えてきた。いわゆる「一〇増一〇減」に伴う公認調整や選挙区変更への対応が間に合わないと予想したからだ。

しかし、自民党の公認調整は予想以上に進んでいる。もしかすると、今国会の会期末には「戦闘態勢」が整うかもしれない。さらに「解散風」が吹き、各議員が選挙戦に向けて走り始めたら、そのまま解散・総選挙になだれ込む可能性も否定できない。

岸田首相は三月二九日、「先送りできない課題に取り組む。それしか考えていない」と解散観測を否定した。しかし、解散時期については嘘をいっても良いことになっている。「やる時はやる」と考えて良いのではないか。

解散のフリーハンドを握った岸田首相（令和5・5・25）

自民党に逆風吹くも年内解散の可能性大

四月の衆参補選が自民党の四勝一敗となったことで、岸田首相は解散のフリーハンドを握ったといっていいのではないか。これが一勝四敗や二勝三敗だったら、とても解散をいい出せる雰囲気にはならなかっただろう。

果たして岸田首相は、いつ解散を決断するのか。筆者は年内解散の可能性が大きいと見る。

就任から一年半が経過し、岸田首相の「実現したい」政策はだいたい出そろった。具体的には、「新しい資本主義」と銘打つ、賃上げを起点とするデフレ脱却や少子化対策といった内政課題。一方、外交・安全保障面では、ロシアのウクライナ侵略などを踏まえた「リアリズム外交」と防衛力の抜本的強化が「岸田政策」といえるだろう。

特に少子化対策や防衛力強化に伴う財源問題については賛否両論が渦巻く。こうしたなか、ここで国民の信を得ておく必要があると考えてもなんら不思議ではない。ただ、解散したとしても、選挙情勢は楽観を許さない。

衆参補選や統一地方選の結果を見ると、筆者は、自民党に「逆風」が吹いていたと推測している。内閣支持率が回復傾向にあり、自民党支持率も堅調に推移しているものの、あくまで「世論調査」上のことでしかない。

国民の中には、長引く不況やデフレなど、わが国を覆う閉塞感と、それを打破できない政治への不満が相当たまっているように思える。

しかし、それでも岸田首相が解散を来年以降に先送りすることはないだろう。もし、選挙情勢の悪さに解散を逡巡すれば、「解散できない首相」として一気に求心力が低下しかねない。また、年内解散をしないとすれば、次に解散できるタイミングは次期通常国会が終了する来年六月まで待たなくてはならない。それでは遅すぎるということではないか。

解散には野党も異論がないはずだ。かねて野党は「負担増を求めるなら解散して信を問え」と主張してきた。いまさら「解散の大義名分はない」とはいえないだろう。負担増に反対なら、対案を示して国民に選択肢を提供するのが野党の役割ではないか。

年内解散の場合、その時期は①今通常国会会期末の六月②九月の臨時国会の冒頭③臨時国会で処理すべき法案などを成立させた後の一〇月から一一月——の三つのうちのどれかだろう。筆者は九月説が有力と見るが、実際のところ、どれを選ぶかは岸田首相の判断次第だ。

岸田首相は「今、衆議院の解散は考えていない」と述べているが、これを額面通りに受け取ることはできない。解散に関しては、「今」考えていなくても、「明日」になったら変わることは許される。それが永田町の不文律だ。

選挙不利でも解散避けて通れず（令和5・6・22）
防衛力増強のための負担増　国民に信を問うのがスジ

立憲民主党（立民）は六月一六日、内閣不信任案を提出した。提出方針を決めた時には岸田首相の「今国会の解散なし」発言はされておらず、「提出されれば解散」との観測が強まっていた。それでも臆することなく決断したのは泉代表の覚悟の表れと見ることもできる。

一方、日本維新の会（維新）、国民民主党（国民）は連立与党とともに反対に回った。岸田内閣は信任しないが、年中行事のように提出する立民に「反対」だからだという。要するに、内容には賛成だが、提出する人が気に食わないから反対したということか。

筆者は、野党は必ず不信任案に賛成すべきとは思わない。しかし、反対するなら「不信任に値せず」というべきで、「信任しない」といいつつ、「不信任案に反対」というのは、口と態度が一貫していないように思える。

通常国会が終了したことで、いよいよ解散時期に焦点が絞られてきたといっていいだろう。筆者はかねて今秋が最も可能性が高いと予想してきた。

岸田内閣は今国会、新たな決断を次々と下した。とりわけ、防衛力の強化はこれまでの安保・防衛政策の大転換といえる。それを実現するための財源確保法が成立したものの、肝心の「税」の部分は規定されていない。政府が「来年以降の適切な時期」としている以上、来年度の税制改正方針を議論する前に国民の信を問うておくことがスジだと考えるからだ。

自民党は「二五年以降のしかるべき時期とする柔軟な判断も可能」との提言を取りまとめた。その前提に立てば、今秋、わざわざ信を問う必要はないという理屈も成り立つかもしれない。しかし、それはあくまで自民党の言い分でしかない。野党、とりわけ立民は「負担増なら信を問え」と主張してきた。「解散は望むところ」ではないか。

維新は立民を「たたき潰す」と息まくが、この問題をめぐる両党の論戦にも注目したい。立民は「(一定の強化は認めつつも)防衛力強化は必要ない」との立場だから、「負担増は必要ない」との主張は、一応、辻褄があっている。

しかし、維新は「防衛力強化は必要」との立場。だとすれば、その財源をどう捻出するのか。「身を切る改革で」との主張のようだが、それによってどの程度の財源が確保できるのか示すべきだろう。

負担増は不人気な政策だが、財源がなければ、防衛力増強は「絵に描いた餅」に終わる。岸田首相としても、解散は避けて通れないのではないか。当然、選挙は厳しくなる。政権交代もあり得るかもしれない。その時は防衛力増強をあきらめるしかない。それが選挙というものだろう。

いかに国民の理解を得て、政策の実現を図っていくか。今度は岸田首相の覚悟が問われる番だ。

支持率低下も解散の可能性（令和5・8・24）

死中に活を求める解散は過去にも

支持率が低下する中、年内解散は難しいとの見方が強まっている。しかし、筆者はそれでも解散の可能性はあると考えている。

その最大の理由は、政策遂行上の必然性だ。

岸田内閣が発足して約二年。総裁選で訴えた「新しい資本主義」を具体化する政策もおおむね出そろった。メディアには「『新しい資本主義』が具体的に何なのか分からない」との論評もある。

が、これまでに閣議決定された二回の「骨太方針」や「新しい資本主義実現戦略」にその詳細が明らかにされている。「効果がない」との批判はあっても、「分からない」というのは勉強不足というものだろう。

「新しい資本主義」には、マイナンバーカードに象徴されるＤＸ（デジタルトランスフォーメーション）や、原子力活用を含むＧＸ（グリーントランスフォーメーション）の推進といった賛否が大きく分かれる問題も含まれている。

それに加えて、岸田首相は防衛力の抜本的強化や少子化対策など、一昨年の総選挙にはなかった大きな政策転換も提起している。


筆者には、国民の信を得ないまま、来年度予算でこうした政策を本格的に具体化できるようには思えない。解散を先送りするとすれば、政策も一緒に先送りするのか、それとも、国民の信を得ないままに進めるのか。

任期の半分程度で解散するのは時期尚早との意見もあるが、これだけ重大な政策を進める以上、政治の王道として、解散して信を得ておくのが自然の流れだと思う。

解散の可能性を否定できないもう一つの理由は、過去において、内閣への批判が高まっている中、解散に打って出た例は少なくないことだ。

古くは吉田内閣の「バカヤロー解散」、佐藤内閣の「黒い霧解散」がそうだ。最近でいえば、平成二九年の安倍首相の、いわゆる「危機突破解散」が典型だろう。森友・加計学園問題への批判が高まる中で解散に踏み切って窮地を脱した。

小泉首相の「郵政解散」もそうだ。結果的に勝利したが、当初は、郵政改革法案が参院で否決され、政権運営能力に疑問符がついた中で解散すれば大惨敗必至との観測がもっぱらだった。だから森元首相が解散をしないよう説得に行ったのである。

もちろん、高支持率下での解散が望ましいが、支持率好転を求めて解散を先送りし、結果的にタイミングを逸したケースもある。岸田首相としては、それは避けたいところではないか。逆に勝負に出て敗れる場合もある。

しかし、「絶対勝てる」解散などというものは最初からないともいえる。いずれにせよ、解散は岸田首相のハラひとつだ。はたして、どんな決断を下すのか。秋の政局を注視していきたい。

解散風が収束しない背景（令和5・10・5）
首相の選択肢は解散しかないとの憶測

「解散風」が収束しない。

岸田首相は九月二九日、経済対策を実施するための令和五年度補正予算案を一〇月二〇日召集の臨時国会に提出する方針を明言した。補正予算提出は通常のペースだと一一月中旬ごろだ。その後に解散するとすれば、来年度予算編成に支障をきたし、来年の予算審議にも影響が出る。普通は「年内解散はない」ということになる。

ところが、首相の発言後も与野党双方とも解散への警戒感を解いていない。それはなぜなのか。

どうやら、ある「憶測」が背景にあるようだ。それは――解散しなければ、政権はじり貧になる。だから岸田首相は解散しかないと考えているはずだ――というものだ。

なぜ、解散しなければじり貧になると見られているのか。

最大の理由は、このタイミングを逃すと、向こう一年にわたって、事実上、解散権が行使できなくなることだ。

来年一月の通常国会冒頭や予算成立後の四月は、来年度予算やその執行に不可欠な予算関連法を成立させないままの解散となり、実務上、不可能だ。

通常国会会期末の六月解散も難しい。自民党総裁としての任期切れを三カ月後に控え、再選されるかどうかわからない立場で「国民の信」を問う資格があるのかとの議論が生ずる。逆にいえば、「岸田首相が総裁選で再選するための解散」との批判にもなる。

結局、岸田首相が解散権を取り戻すのは、総裁選で再選を果たした来年一〇月以降ということになる。

解散権を封じられた政権の求心力は低下するのが世の道理だ。

一部には、「ポスト岸田」となりうる候補がいないことから、総選挙敗北のリスクを避けた方が総裁再選に「得策」との見方もある。しかし、「信」を得ないまま支持率が低迷する総裁を再選させるほど、自民党は甘くない。

一昨年、菅義偉氏が万全の体制で総裁再選を目指していたにもかかわらず、岸田氏の立候補表明を契機に一気に不出馬表明に追い込まれたのが良い例だ。「因果応報」とばかりに、今度は岸田氏が追い落とされる側になるかもしれない。

ただ、岸田首相自身がどう考えているかは不明だ。聞けば、「先送りできない課題に『一意専心』で取り組む」と判で押したような答えを繰り返すばかり。それが一層、「憶測」を呼ぶ形になっている。

はたして岸田首相は本当に解散に打って出るのか。

もし、年内解散がなければ、来年の総裁選に向けた「新たな政局」がスタートすることになる。それは「ポスト岸田」をめぐる政局、さらにいえば「岸田降ろし」政局といっても過言ではないかもしれない。

どちらの道を選ぶにしても、岸田首相にとって「いばらの道」であることは間違いない。

首相は解散・総選挙を諦めていない?（令和5・10・26）

郵政解散に匹敵する決意なければ解散は難しい

もしかすると、岸田首相はまだ年内解散を諦めていないのではないか。一〇月二三日に行われた所信表明演説を聞いて、そんな思いがよぎった。

岸田首相を取り巻く状況は厳しい。内閣支持率は低迷し、演説の前日に投開票が行われた参院高知・徳島補選は惨敗、衆院長崎四区補選も辛勝という結果だった。

解散なしが確定すれば来年総裁選に向けた「ポスト岸田」政局がスタートする。「ポスト岸田」は「岸田」という可能性もなくはないが、現在の流れでいけば「岸田降ろし」の色彩を帯びるのは避けられないだろう。

ところが、所信表明演説をする岸田首相はことのほか明るかった。「カラ元気に過ぎない」といわれればそうかもしれないが、「何か考えているのではないか」と思わせるものがあった。

岸田首相は演説で「私は何よりも経済に重点を置く」と経済重視の姿勢を強調、「低物価・低賃金・低成長のコストカット型経済」から「持続的な賃上げや活発な投資がけん引する成長型経済」への変革を訴えた。

また、「日本経済は、三〇年ぶりの変革のチャンス」「この三〇年間、コストカット最優先の対応を続けた」「三〇年ぶりの三・五八%の賃上げ」「三〇年ぶりの株価水準」と「三〇年ぶり」を多用し、岸田内閣の成果をアピールした。

確かに、岸田政権の二年間で安倍晋三、菅義偉両政権が一〇年かけて成し遂げられなかったデフレ脱却がもう一歩のところに来ているのは事実だ。岸田首相としては、なんとしてもデフレ脱却を成し遂げたいとの強い思いがあるのだろう。政策実現への意欲を前面に出した演説だったといえるのではないか。

筆者は、岸田首相が「先送りできない課題」を進めようとするなら「国民の信」を得ておくことが必要ではないかと指摘してきた。賛否が大きく分かれる問題であれば、なおさらだ。国民の信を得ないまま、これらの課題を進めていくのは、むしろ「傲慢」との批判すら受けるのではないか。

岸田首相が先日表明した所得税減税についても、賛成派からは「中途半端」といわれ、反対派からは「バラマキ」と批判され、さらには「総裁選目当て」とまで揶揄されている。解散を先送りし、政権の正当性に疑問符がつけられている状況を放置していることに原因があると見るべきだ。

しかし、これから解散するにしても来年度予算の編成作業を考えると、物理的に厳しい。それでも、しゃにむに解散に突き進もうとするならば、小泉純一郎首相が二〇〇五年、郵政改革法案を参院が否決したのを受けて解散に踏み切ったのに匹敵する強い決意が必要だが、果たして、そこまでの決意はあるのだろうか。

いずれにせよ、岸田政権は、いまが正念場といえるのではないか。

年内解散断念で「ポスト岸田」政局へ（令和5・11・16）

解散を決断できなかった二つの要因

岸田首相が年内解散を断念したとの報道を受け、政局は一気に「ポスト岸田」に向けて動き出したようだ。しかし、報道後も岸田首相本人は「先送りできない課題一つ一つに一意専心取り組んでいく。それ以外のことは考えていない」と従来通りの見解を繰り返しており、もしかすると違う展開もあるのかもしれない。ただ、流れとしては「年内解散なし」を前提に政局は動き出している。

岸田首相が今年六月の通常国会会期末以降、そのタイミングを模索してきたのは間違いない。これまで決断できなかった最大要因は、政府と与党との意思疎通がうまくいかなかったことにある。

通常、解散時期については、外交日程など政府関係の日程を握る官房長官と、選挙対策などの党務関係をつかさどる幹事長が水面下ですり合わせる。しかし、岸田政権の場合はこうした水面下のラインがほとんど機能せず、首相自身が根回しに動かざるを得なかった。

もう一つの理由は、「勝利できるタイミング」にこだわり過ぎたことだ。そもそも、勝つか負けるか分からないから信を問うのであって、「絶対勝てる」のであれば、最初から解散する必要はない。慎重を期すあまり、結果的にそのタイミングを逸してきたというのが実態ではないか。

信を得ない政権が、どんなに政策の妥当性を説明しても国民の耳には届かない。精魂傾けてまとめた減税を含む経済対策が批判一色となっているのはその証明といえる。

年内解散がなければ、来年度予算についても同様のことが起こるだろう。特に、防衛力増強や少子化対策については、その財源をめぐって様々な議論がある。国民に負担を求めても、求めなくても、あるいは先送りしても賛否両論、「岸田批判」の嵐となってしまうのではないか。

いずれにせよ、岸田政権の今後はいばらの道だ。ただ、「ポスト岸田」政局といっても、来年度の予算編成を放り投げて総裁選をやるわけにはいかない。日程的に考えれば、予算編成も来年通常国会の予算審議も岸田政権でやらざるを得ない。そうだとすれば、本格的な「岸田降ろし」は来年度予算成立後ではないか。それまでに反転攻勢のきっかけをつかめるかどうかが岸田政権存続のポイントとなるだろう。

一方、岸田政権への批判は、自民党に対しても向けられていることを忘れてはならない。従来の自民党なら、現在の状況が、岸田首相ひとりを辞めさせれば解決する問題でないことは十分、認識しているはずだ。

しかし、小選挙区制しか知らない政治家が大半となった同党は、逆風に対して脆弱だ。もしかすると、風圧に耐えかねて、予算成立前に同党内から倒閣運動が出てくる可能性もあるかもしれない。

通常国会終了までは岸田政権存続（令和5・12・28）

その後は「混迷の時代の到来」か「新時代の幕開け」か

年末にあたり、今年の政局を振り返りつつ、来年の展望をしてみたい。

今年は岸田首相が解散に踏み切るかどうかで揺れた一年だった。

筆者は岸田首相が「反撃能力保有を含む防衛力の抜本的強化」「異次元の少子化対策」「原子力の活用やマイナンバーカードの普及」などの政策を本格的に進めるのであれば、解散して国民の信を問うのは不可避だろうと予想していた。信を得ずして、このような賛否の分かれる問題を成し遂げることはできないと考えたからだ。しかし、岸田首相は解散しなかった。

この判断は岸田政権にとって致命的だった。これにより岸田首相は「解散できない首相」の烙印が押される結果となり、支持率が急落した。さらに、一二月に入り、派閥の政治資金パーティーをめぐる問題が表面化し、事態はさらに悪化した。

来年の政局はどう動くか。

一部には岸田政権の三月退陣を予想する説も語られているが、筆者はその可能性は低いと見る。

まず、来年度の予算審議を控え、「岸田おろし」を正面切って言いにくい状況がある。また、安倍派や二階派は派閥事務所の強制捜査などが行われ、派の存亡が問われる事態となっている。とても「岸田おろし」をしている余裕はない。他の派閥も同様だ。今、急いで岸田首相を引きずりおろしても、この局面を収拾できる見通しはない。

逆に、もし、岸田首相が会期途中で政権を投げ出すようなことがあれば、総裁選なしに首班指名選挙に臨まなくてはならなくなる。一本化が出来なければ自民党分裂の可能性もありうる。そんな事態が現実に起これば、自民党は二度と立ち直れないかもしれない。

結局、自民党としては、いろいろあっても通常国会の会期末まで岸田首相を支えるしか方法がないのではないか。

来年一一月になれば衆院議員の任期は残り一年を切る。つまり、そう遠くない時期に解散・総選挙が行われるということだ。しかし、誰が総裁になっても、自民党が「選挙に勝てる」状況に回復させることは難しいのではないか。

自民党の一部には森喜朗内閣から小泉純一郎内閣への交代劇のような展開を期待する声もあるが、おそらく上手くはいかないだろう。それに小泉元首相に匹敵する「役者」は現在の自民党にはいない。

要するに、第二次安倍晋三内閣以来続いてきた自民党の「一強体制」が終わるということだ。これを「混迷の時代の到来」と見るか、「新時代の幕開け」と見るかは、人それぞれだろう。

はたして、国民は自民党の立ち直りを期待するのか。それとも野党に期待をかけるのか。来年は、今後の日本政治、ひいてはわが国の将来を決める大切な年になるかもしれない。

メディア論

「葉梨法相辞任」は行き過ぎ（令和4・12・15）
一言半句を針小棒大に扱う風潮に異議あり

異論を唱える人は多いだろうが、批判を承知であえて問題提起したい。

葉梨康弘前法相が自民党議員の政治資金パーティーで、「法相というのは、朝、死刑のハンコを押しまして、昼のニュースのトップになるというのはそういう時だけ、という地味な役職」と述べたことが批判され、法相辞任にまで至った問題についてである。

なぜ、この発言が批判されたかと言えば、「人の命にかかわる死刑を軽々しく扱った」との理由だ。しかし、葉梨氏は単に「ハンコを押す」といっているだけで、けっして「軽々しくハンコを押す」とは言っていない。

批判者には「ハンコは軽々しく押すもの」との固定観念があるのかもしれないが、葉梨氏本人は、「ハンコを押す」という言葉に「軽々しく押す」というニュアンスが含まれている意識はなかったと思われる。

民主党政権時代、「法相の答弁は、二つだけ覚えておけばいい。『個別事案についてはお答えを差し控えます』。分からなかったら、これを言う。あとは『法と証拠に基づいて適切にやっている』だ」と発言して辞任した法相がいた。この発言には「法相は気楽だ」との含意があり、極めて問題のある発言と言わざるを得ない。

しかし、葉梨氏の場合は全く次元が違う。同氏が指摘したかったのは、法務行政に対する世間一般やメディアの関心が低いということであって、むしろ、「法務行政は大事だ」と言いたかったのである。

とはいえ、「ハンコを押す」との表現が「軽々しく押す」とのイメージでとらえられたことは事実だ。それが「落ち度だ」といわれればそうかもしれない。しかし、それを大げさに論じて法相失格の烙印を押すのは行き過ぎではないか。

伊吹文明元衆院議長は、失言問題を避けるための、頭文字が「た」となる「六つの箴言」を残している。それは、（1）立場をわきまえること（2）正しいと思っていることを話すとき（3）多人数の場で話すとき（4）旅先で話すとき（5）他人の批判をするとき（6）例え話をするとき――。

今回の場合は（1）（2）（3）に加え、「決裁する」との意味を「ハンコを押す」と例えたということで（6）にも該当するだろう。

葉梨氏はこれまで法務副大臣を二回、衆議院法務委員長と同筆頭理事もそれぞれ二回ずつ経験した。これほど法務関係の役職を経験している議員はいないだろう。本人もエキスパートとしての自負もあったのではないか。いささか気負った部分が災いしたともいえる。

葉梨氏には今回のことを教訓に一から出直してもらいたい。同時に、一言半句を針小棒大にとらえて「失言」問題を作り上げる風潮には異議を唱えたい。

安倍事件と酷似の和歌山爆弾テロ事件（令和5・4・27）
「政治が悪いからテロが起こる」はテロ容認論

またしても、選挙遊説中のテロ事件が発生した。今回は、和歌山県を遊説中の岸田首相を狙った爆弾テロだった。昨年七月には参院選で街頭演説中の安倍晋三元首相がテロリストの凶弾に斃れた。それから一年も経ずして再びのテロ事件である。

いまだ全容は明らかではないが、今回の事件は安倍元首相を狙ったテロ事件の「模倣犯」の可能性が高い。自らの主張を世間に認めてもらいたいとの動機や、インターネットで得た知識による武器による犯行、そして警備が手薄な選挙遊説中を狙う点で一致している。

今にして思えば、安倍元首相の事件の際、メディアは民主主義の担い手として「テロは絶対許さない」と宣言すべきだった。しかし、報道がテロそのものより、実行犯の家庭環境や動機に集中した結果、犯人に対しておかしな同情が集まり、「英雄扱い」される風潮が生まれたことは否めない。大いに反省しなければならない。

いかなる理由にせよ、政治活動、言論活動を暴力で封殺することは絶対に許されない。昭和の初期、政治家へのテロ事件が頻発し、民主主義の衰退を招いた。これ以上の「模倣犯」を生まないため、三点提案したい。

第一に、今度こそ、メディアはテロに対する毅然とした論陣を展開しなければならない。そのために、この際、安倍元首相が凶弾に倒れた七月八日、毎年「テロは絶対許さない」というキャンペーンを展開することとしてはどうか。メディアはそれくらいの決意を示してしかるべきだ。

第二に、実行犯の家庭環境や境遇について、連日のようにワイドショーなどで取り上げられているが、違和感を禁じ得ない。「不遇な境遇がテロに走らせた原因」といわんばかりの論評が行われているが、間違っている。世の中にはもっと困難な環境の中で、懸命に生きている人たちが多数いる。テロリストに同情の余地はない。これ以上の報道は控えるべきだ。

第三は、捜査当局に対して、テロ事件の場合、犯人が起訴されるまでの間、捜査情報をメディアに提供することを禁止すべきではないか。途中段階の情報が断片的に流されることによって、おかしな「予断」が生まれる可能性がある。第一報として情報公開は必要だとしても、それ以降の情報管理は厳正に行うべきだ。

一部に「テロはいけないが、それほど悪い政治が行われている」といった論調がある。しかし、テロに対する論評と、政治に対する論評を混同してはならない。政治に対する是非はテロの対するそれと明確に線引きを行ったうえで議論すべきだ。テロによって政治が良くなることはあり得ない。そのことを改めて確認したい。

安倍元首相一周忌に思う(1)（令和5・7・6）

「テロは許されない」改めて確認を

安倍晋三元首相が理不尽な凶弾に倒れて一年が経過する。もし、あの事件がなければ、依然としてわが国の政治に大きな存在感を示していたに違いない。いまさらながらに、犯人の凶行への怒りが収まらない。

残念なことは、事件以降、犯人に同情が集まり、事件を美化するような風潮が生まれたことだ。また、それに乗ずる形で、生前の政策への批判が展開され、国葬（国葬儀）に対する反対運動が広がった。

筆者は、世界から沸き起こった弔意に対して、国家として国葬という形で対応することに何の問題もないと考える。しかし、野党第一党の立憲民主党や共産党、れいわはこれに反対し、欠席した。国葬には「テロを許さない」とのわが国の断固とした意志を示すとの趣旨もあったが、これらの政党の欠席によりこうした意味合いが大きく損なわれる結果となったことは否めない。

安倍氏は毀誉褒貶の激しい政治家だった。筆者は特に外交・安保政策でわが国を前進させた功績を高く評価したい。岸田首相は今年五月に広島で行われた主要七カ国首脳会議（G7サミット）で大きな成果を上げた。これも安倍氏が取り組んだ「地球俯瞰外交」などの土台があったからこその成果だろう。

一方、安保法制など、根強い反対がある課題に取り組んだことで、これに反対する人々から激しい反発を受けることになった。また、憲政史上、最長の在任期間を務めただけに、首相として様々な批判の矢面に立たなければならない側面もあった。

首相時代及び退任後も含めて多くの批判が安倍氏に向けられたが、中には感情的な批判や極端な決めつけ、さらには人格攻撃に等しいものも少なくなかった。

筆者は言論の自由は守られなければならないと思う。また、権力に対するチェックの必要性を否定するものでもない。しかし、マスメディアであれ、インターネット上であれ、公の言論空間で交わされる言論は一定の節度が必要ではないか。プライベートな会話まで制限せよというのではない。少なくとも、外部に向かって発信する以上、事実関係はもとより、言葉使いについて最低限のマナーが必要だと考える。

今年四月、作家で大学教授の肩書を持つ人が自身のインターネット番組で安倍元首相の暗殺事件を指して、「いままで何ら一矢報いることができなかったリベラル市民として言えばね、せめて『暗殺が成功して良かったな』」と発言して物議を醸した。

言論人としてのマナーを大きく失していると言わざるを得ない。このような態度が、まわりまわって言論の自由を損なう結果になることを恐れる。いかなる理由があろうとテロは許されない。一周忌にあたり、このことを改めて確認したい。

安倍元首相一周忌に思う(2)（令和5・7・20）
いま生きる政治家に正当な評価を

安倍晋三元首相一周忌を契機として、テロや安倍政治に対する様々な議論、評論が行われた。

この中で、気になったのは、安倍氏を狙撃した容疑者が「個人的怨恨が理由」と供述していることから、本事件を「テロではなく、単なる殺人事件」と主張する人たちが少なからず存在することだ。

このような主張をする背景には安倍氏がテロ犠牲者として英雄視されることを肯定したくない思いがあるのかもしれない。しかし、「テロ」であろうとなかろうと、政治的な行動や言論が暴力によって阻害、威嚇される状況は、民主主義にとって由々しき事態であることに変わりはない。そのことは安倍氏への評価にかかわらず問題意識として共有する必要があるのではないか。

筆者が違和感を持ったのは、安倍氏の生前の主張を引き合いにして、自らの主張の正当性を訴える論調が散見されたことだ。安倍氏の意思を引き継いでいくことは否定しない。ただ、「生前、安倍氏がこう言っていたから、こうあるべきだ」といった言い方は、そろそろやめた方がいい。

安倍氏は信念の政治家であると同時にリアリストでもあった。現実の状況に応じて、何が国益に資するか、どうすれば国民のためになるかを冷徹に判断する政治家だった。

安倍氏の生前の言葉は、あくまで、その時点におけるものでしかなく、現在の状況の中で、同じ主張をするかどうかは「歴史上のif」の領域だ。いつまでも安倍氏の言葉を論拠にするのは、議論を歪めかねない。そのようなことは故人も望んでいないはずだ。

一連の議論のなかでは安倍政治を再評価する論調も多く見られた。また、本人の「回顧録」や生前付き合いの深かった人による証言や事実が明らかにされ、安倍氏がどれほど心血を注いで首相という職務に向き合っていたかがいっそう鮮明にされた。

生前、散々に批判された政治家が死後、再評価されるのは安倍氏に限ったことではない。

例えば、田中角栄元首相は「金権腐敗政治家」の権化のように批判され、竹下登元首相は「消費税反対！」の大合唱のなか退陣を余儀なくされた。しかし、今となってはその業績や政治家としての能力が高く評価されている。

「棺を蓋《おお》いて事《こと》はじめて定まる」とはいうものの、世の理不尽さを思わずにはいられない。では、現在の政治家についてはどうか。「昔の政治家は良かった。それに比べ今の政治家は…」と批判ばかりを先行させていないか。死後に懐かしむより、評価すべきは生きているうちに正当に評価すべきではないか。

安倍元首相の一周忌に交わされた議論は、そうした教訓も示唆しているように思える。

福島「処理水放出」理性的・冷静な世論に安堵（令和5・9・14）

流言飛語を防ぐ責任はメディアにある

福島の復興にとって欠かせない東京電力福島第一原発「ALPS処理汚染水」の海洋放出が去る八月二四日から始まった。

処理水放出が科学的に問題ないことは多くの専門家が論じている。しかし、科学的に問題はなくても、政治的に問題になることはあり得る。

科学的根拠のない流言飛語が横行すれば、「安全と安心は別だ」とばかりに、反対の大合唱になりかねない。

しかし、そうした心配が杞憂に終わったことに、正直、安堵している。日本国民は実に理性的かつ冷静に処理水放出を受け止めた。それどころか、中国の日本産水産物の全面禁輸やいやがらせ電話などの「情報戦」に対して、多くの国民が毅然とした意思を示した。

しかし、油断は禁物だ。中国政治の専門家によれば、今回の中国の狙いについて①不動産不況や失業率悪化などの国内の不満をガス抜きし、批判の矛先を日本に向ける②日中間の外交問題で日本側に譲歩を迫るカードを得る——意図があったのではないかと分析している。

筆者は「靖国問題」を長年にわたってウォッチしてきたが、全く同じ構図が今回のケースでも見て取れる。その経験に即して言えば、国論の乱れが相手につけ入る隙を与えかねないということだ。

懸念するのは、全国紙の朝日、毎日の両紙が岸田首相批判の形を借りて処理水放出に疑問を呈したことだ。

朝日は八月二三日の社説で「政府と東電は八年前に『関係者の理解なしには（処理水の）いかなる処分も行わない』と福島県漁連に約束した」にもかかわらず、同漁連が「反対に変わりがない」と述べたことを指摘して「政府が約束を果たしたとはいえない」と主張した。

毎日も同日社説で「国民の声に耳を傾け、丁寧に合意形成を図るのが、政治の役割だ」として岸田首相や政府の合意形成への努力不足を批判した。

確かに風評被害発生の可能性は残っているし、それがゆえの反対論もある。

しかし、「事実」を正しく報道して風評被害の元となる流言飛語を防ぐのはメディアの最も重要な役割ではないのか。

自らの責任を棚に上げて、首相や政府の責任ばかりを追及するのは、「ためにする議論」の印象を禁じ得ない。

残念ながら、この種の論調は両紙に限らず、地方紙やインターネット上でも数多く見られる。

こうした状態が続けば、いつの間にか、「岸田首相のせいで国民の理解が得られなかった。ここはいったん立ち止まって考え直すべきではないか」といった世論に変質していく可能性は否定できない。まさに中国の思うつぼではないか。

もちろん、言論の自由は大切だ。しかし、それだからこそメディアの役割は重要なのだ。健全な世論形成に資する正しい報道、論調を望みたい。

自民党批判高まるも野党支持率伸びず（令和5・12・14）

野党政策を報じないメディアの報道姿勢が原因

今月のNHK世論調査で自民党の支持率が八・二％減って二九・五％となったとのことだ。同調査で自民党支持率が三割を割り込むのは政権復帰後、初めてという。派閥の政治資金パーティをめぐる疑惑が大きく影響したものとみられる。

一方、立憲民主党は先月よりプラス二・七ポイントの七・四％だった。六〇％近く増加したことになるが、それでも自民党の四分の一でしかない。ちなみに、今回の調査では支持率が増えたのは同党だけで、他の野党はおおむね横ばいだった。

今後、自民党の支持率はさらに低下するかもしれない。しかし、それに伴って野党への期待が高まり、支持率が伸びていくと見る人はほとんどいない。

筆者はこうした状況を作っている最大の要因はメディアの報道姿勢にあると思っている。

野党が注目されるのは政権を厳しく批判する時だ。しかも、激しい言葉使いや大声を出して追及した方がメディアの取り上げ方が大きい。

これに対して、野党が政策や対案を打ち出した際のメディアの扱いは小さい。これでは野党が政策より、「批判」に重きを置くようになるのは当然だろう。しかし、首相をいくら批判しても野党の期待値は上がらない。国民からすれば、野党が「何をしてくれるのか」の方が大事だからだ。

メディアにとっては、野党の政策は実現可能性が低く、伝える価値が少ないということかもしれない。しかし、政党政治とは与野党の政策を比較衡量することを前提とした政治制度ではないのか。

また、政府・与党の政策は重箱の隅をつつくような細部まで検証され、批判されるが、野党政策のチェックはほとんど行われない。

民主党政権がわずか三年余で終わったのも、同党の公約に対する検証が足りなかったからだ。メディアが事前に問題点を指摘し、実現性の高い公約にブラッシュアップしておけば、民主党政権はもっと違った展開になったかもしれない。

メディアは野党に対して甘いともいえるし、無視しているともいえる。いずれにしても正しい態度とはいえない。

自民党に代わる受け皿がないことを嘆くのは簡単だが、野党政策をまじめに考えてこなかったメディアの責任は大きい。もちろん、野党の努力不足に根本的な原因があることはいうまでもない。しかし、メディアが野党の政策を、批判を交えて報道するようになれば、与野党の政策論争はもっと活発化するのではないか。

批判ばかりの論戦をいくら行っても不信感が募るばかりで、誰も幸せにならない。与野党がそれぞれ選択肢を国民に提示し、それを切磋琢磨することでより良い結論に達する。政党政治が予定するのはそうした姿ではないのか。

派閥解消で自民党はどうなるか（令和6・2・1）

「一強」から「全弱」へ

岸田文雄首相は、派閥政治資金パーティーの収支報告書未記載事件を契機に、自ら率いてきた岸田派を率先して解散し、安倍派、二階派、森山派もこれに続いた。さらに茂木派も解散に踏み切り、残るは麻生派だけになった。今や自民党のほぼ全員が無派閥議員だ。

しかし、派閥は元来、総裁選に対応するために生まれたものだ。総裁選が存続する限り、これまでのような形態であるかどうかはともかく、「派閥的」な議員集団は必然的に生ずる。行き過ぎを改めるのは当然としても、派閥そのものを否定や禁止することはできないのではないか。

自民党以前の保守政党の総裁は、基本的に話し合いによって選ばれていた。これに対して自民党は立党時の有力者であった緒方竹虎氏の強い主張で「公選」によって総裁を選ぶことを原則とした。立党の際、初代総裁は翌年四月の総裁選で選出することとし、それまでの間、四人の総裁代行委員で総裁の職務を代行することにしたのはそのためだ。

最初の総裁選は有力候補の緒方氏が急逝したため、当時首相だった鳩山一郎氏の信任投票的な総裁選となったが、鳩山首相の後継を選ぶ一九五六年一二月の総裁選は激しい選挙戦が繰り広げられた。最終的に石橋湛山氏と岸信介氏との決選投票となり、わずか七票差で石橋氏が後継総裁に就任した。

この時、投票によって総裁を決定する意味が強く印象付けられたのかもしれない。池田勇人氏を総裁にすることを目的に「宏池会」が結成されたのは、この翌年の一九五七年六月のことだ。そして、岸首相の後任を選ぶ一九六〇年七月の総裁選で、池田氏が決選投票の末に石井光次郎氏を破り第四代自民党総裁に就任した。以後、総裁選が定着するに従い、総裁を目指す政治家は派閥を作り、同志との関係を深め、メンバー拡大にいそしむようになった。

政治改革論議が盛んだったころ、派閥は中選挙区制に起因する説が有力だった。したがって、小選挙区制になれば派閥の必要性は薄れていくと考えられていた。しかし、それは誤りだった。そのことは、かつて派閥解消を唱えていた石破茂氏が総裁選にチャレンジするにあたって、自らの派閥を作ったことでもわかる。

一九八九年に自民党が決定した「政治改革大綱」で派閥解消を決めたにもかかわらず、「守られていないのはおかしい」との主張があるが、前提に誤りがある以上、想定通りにならないのは当然だ。それに、「大綱」との齟齬をきたしているのは派閥解消だけではない。「大綱」との整合性を問題視するなら、「小選挙区制の導入」によって、「国民本位、政策本位の政治を実現する」との根本目的が果たせているのかどうかを検証すべきではないかと思う。

かつて派閥は党の統制を乱す要因ととらえられていた。いわゆる「三角大福」の時代までは激しい派閥抗争がしばしば発生し、派閥解消が党改革のテーマとして度々議論された。しかし、その後、派閥抗争が落ち着きをみせると、派閥は党運営の潤滑剤としての役割を担うようになっていった。

例えば、週一回開く定例の派閥総会では、執行部や国会方針の説明が行われ、党の方針を派閥単位で共有する。また、個々の議員の要望や意見が同じ派閥の副幹事長などを通じて執行部に伝えられる場面も少なくない。派閥は自民党の「風通しの良い党風」の一翼を担っていたと言える。

もっと大きな視点で考えれば、複数の派閥が存在していることによって、党執行部の専横をけん制し、党の民主的運営を確保するうえで大きな役割を果たしているともいえる。それは執行部の権限が強大化しがちな小選挙区制の導入によって、より重要になってきた側面もある。

一方、既成の派閥が硬直化していたのも事実だ。総裁選対応のための派閥だったにもかかわらず、そのほとんどが総裁候補を持たず、新たなリーダーを選ぶ総裁選に対応できなくなっていた。現在の岸田総裁を選出した二〇二一年の総裁選でも、派閥としてまとまって行動できたのは、領袖が立候補した岸田派だけだった。その他の派閥はバラバラな対応を余儀なくされた。その意味で、早晩、派閥再編は不可避だったといえる。

今年九月には総裁選が予定されている。こうしたなか、総裁選立候補を志す議員の下に議員集団が形成されるのは自然の流れだ。しかし、当面は、次の総裁選に対応するための活動にとどまるだろう。その後も継続的に活動を続けて「派閥化」するかどうかは、その総裁候補の将来性次第だ。

当選可能性のない候補者が乱立することが良いとは思わないが、自民党の新たな胎動を感じさせるニューリーダーの出現を望むのは筆者だけではないだろう。

ただし、ニューリーダーの下で派閥が再編され、一定の形に収斂するまでには相当な時間がかかることは織り込んでおかなければならない。問題は、新しい形ができるまでの間に、無派閥化に伴うデメリットが表面化する可能性があることだ。自民党は無派閥化の影響を軽く考えるべきではないと思う。

特に、「党内の潤滑油」的な役割を果たしてきた派閥がなくなったことで、執行部のガバナンスの低下は避けられないのではないか。すでに今国会中、そうした兆候が表れている。単に総裁、幹事長の指導力不足というより、派閥解散による構造的な変化と見るべきだろう。

政権与党が「まとまりの悪い政党」になったらどうなるか。これまでは自民党の「一強政治」が批判されてきたが、これからは「全弱政治」が出現することになるかもしれない。

はたして自民党は「ニューリーダーの時代」を迎えられるのか。乗り越えられなければ、自民党は「流動化」を超えて「液状化」の様相を呈することになる。

いずれにせよ、日本政治は当分の間、「生みの苦しみ」に付き合わざるを得ないことになるのではないか。

外国からの謀略情報に警戒を（令和6・2・29）
岸田首相はロシアが一日も早く失脚させたい人物

岸田首相のイニシャチブによる「日ウクライナ経済復興推進会議」が二月一九日、東京都内で開かれた。ウクライナのシュミハリ首相を含む双方の政府、企業の関係者ら約三〇〇人が出席、官民合計五六件の協力文書が交わされた。

会議は成功裏に終わったと言っていいだろう。ウクライナのゼレンスキー大統領もX（旧ツイッター）で「日本国民全員に心からの感謝の意を表したい」と謝意を表明。「日本の継続的な長期支援で、多くのウクライナ人の命が救われた」と意義を強調した。

日本がウクライナを支援するのは、人道上の理由だけではない。仮にロシアの侵略戦争が成功すれば、軍事力による領土拡大競争の時代に逆戻りしかねない。日本周辺でも中国が覇権主義的な動きを強めている。ウクライナの危機は日本にとって「対岸の火事」ではないのである。

一方、ロシアにとっては、こうした日本の動きは敵対行為にほかならない。しかも、岸田首相は昨年、広島で行われた主要七カ国首脳会議（G7広島サミット）で足並みの乱れがちな各国の間を飛び回り、ウクライナ支援の共同宣言をまとめあげた実績もある。おそらく、ロシアにとって岸田首相は一日も早く失脚させたい人物の一人なのではないか。

そんな想像を裏付ける事件をNHKが二月一八日、報じた。

それによると、二月一二日以降、Xで岸田総理大臣がソファに座って足を組んだアメリカ政府の高官に「にらみつけられている」ように見えるニセの画像が出回ったという。この偽画像を投稿したのはロシアを支持する投稿を繰り返しているアカウントで、転載されたものを合わせて七〇万回以上見られていた。また、岸田首相の映像を切り貼りして、「日本人の割合は一〇％で、残りの九〇％は移民で構わない」などと述べたとする偽情報もXで拡散していたとのことだ。

欧州連合（EU）ではロシアによるものとみられるフェイクニュースやニセ画像が多く発見されているという。また、偏った価値判断・意見を発信して他国の分断をあおる情報工作も行われている可能性も指摘されている。

筆者は、この会議に対して日本の世論がどのような反応を示すか心配していた。もし、ロシアの主張に同調するような反応が多ければ、その情報工作は相当浸透していると見なければならないからだ。

しかし、朝日新聞、毎日新聞を含め、全国紙各紙が会議の意義を評価する論調を掲げたのをはじめ、全体としては好意的な反応だったことに安堵している。

民主主義は謀略情報に脆弱だ。まして、「空気」に支配されやすい日本はなおさらだ。しかし、積極的な外交を展開し、国際社会での発言力を高めるに従い、その危険性が高まっていることを忘れてはならない。

岸田首相の連邦議会演説への批判は狭量（令和6・4・18）

日米連携強化の意味考えるべき

岸田文雄首相が一一日、連邦議会の上下両院合同会議で盛大な拍手で迎えられた際、「日本の国会で、これほどすてきな拍手を受けることは、まずありません」とジョークで返したことについて、批判の声が上がっている。

国内では支持率が低下しているにもかかわらず、スタンディングオベーションで歓迎される岸田首相を揶揄したい気持ちがあるのかもしれない。しかし、それはあまりに「狭量」な批判というものだ。拍手は岸田首相個人に対するものではなく、日本人および日本に対する友好の表明にほかならない。米国にとって、それほど日本は重要な国になったということだ。それをジョークで感謝の意を表したのであって、演説冒頭の「つかみ」としては、十分、効果があったのではないか。

今回の岸田首相の訪米は多くの成果を上げた。

日本周辺の安全保障環境は、かつてないほど厳しさを増している。台湾有事はますます現実味を増し、わが国領土の尖閣列島周辺海域への中国公船の領海侵犯も常態化している。北朝鮮もミサイル発射を繰り返し、軍事攻撃の可能性すら口にしている。

一方、かつてのように米国一国だけで東アジアやインド太平洋地域、世界の平和と安定は守り切れない時代となった。こうしたなか、日米関係、とりわけ防衛面での連携強化は、わが国の平和と安全を確保するうえで死活的に重要といえる。

一部には、今回の日米首脳会談で、自衛隊と在日米軍の指揮・統制枠組みの見直しなどに合意したことについて、「なし崩しに米国の戦争に巻き込まれる懸念が拭えない」との声があるが、実態は逆である。むしろ、米国内では、この地域から手を引いて自国のことのみに専念したいとの考えが台頭してきている。もし、そんなことになれば、日本単独でこうした脅威に対処しなければならないことになり、五年間で四三兆円程度の防衛力増強ではとても足りなくなるだろう。

今回の首脳会談で岸田首相は米国のコミットメントをはっきり言及させた。さらに、次世代エネルギーとして期待される核融合発電の技術協力を進めることや半導体やレアメタルなど重要鉱物の安定的な供給を図るため、先進七か国（G７）で協力することなど、わが国の経済安全保障強化に資する多くの合意も成し遂げた。

岸田首相が国内政治において様々な批判を受けていることは事実だが、外交に関してはオールジャパンの対応が必要である。「与党だ、野党だ」、あるいは岸田首相を「支持する、支持しない」の次元ではない。

今回の訪米を批判するのであれば、もっと日米関係のあり方そのものを論ずるべきだ。子供じみた「ジョーク」批判には首をかしげざるをえない。

政治改革

中選挙区を再評価すべし（令和5・2・23）

与野党が選挙制度協議会設置を合意

与野党六党は二月二日、国会対策委員長会談を開き、衆院選挙制度の抜本的改善に向けた協議会を設置することで合意した。これは「一〇増一〇減」法の付帯決議に基づくもので、付帯決議は令和七年国勢調査の結果が判明する時点をめどに、具体的な結論を得るよう努力するとしている。

しかし、各党の思惑はそれぞれだ。このままでは、結局、何の結論も出ないまま終わってしまう可能性が高い。まずは、いったん各党の党利党略から離れ、現制度の何が問題なのかを検証し、それをどう解消していくかについて大所高所から議論すべきではないか。

昨年の「一〇増一〇減」法審議の際には、いわゆる「一票の価値」の格差是正のため、国政調査ごとに選挙区を変更しなくてはならないことへの疑問が多く出された。また、人口減少によって代表を出せない県が出てくる可能性についても指摘された。それが「人口減少や地域間格差が拡大している現状を踏まえつつ、立法府の在り方を含め、議員定数や地域の実情を反映した選挙区割りの在り方等に関し、国会において抜本的な検討を行う」との付帯決議に反映された。

また、かねて重複立候補によって、小選挙区選挙で落選した議員が比例代表で復活することについての問題点が指摘されているほか、わずかな得票差でも大きな議席差に増幅されること、つまり「死票」問題に対する不満も根強い。

筆者はこれらの問題は、全て小選挙区制中心の制度に起因しているのであって、中選挙区制にすれば、解決もしくは改善されうると考えている。「一票の格差是正」も中選挙区になれば選挙区が大きくなり、選挙区変更しなければならないことも少なくなる。また、各選挙区の定数是正によって解決する方途も出てくる。

「比例代表制中心の選挙にすればいい」との意見もあるが、筆者は反対である。比例代表制が機能するには、比例名簿を提出する政党をしっかりと位置付ける必要がある。しかし、現在の政党の状況を見る限り、政党が有権者の直接の受け皿となるには無理がある。そのことは現在の制度が「政党中心の選挙」を標榜しているにもかかわらず、そうなっていない事実が証明している。

その点、各政党が公認・推薦した「候補者」を選ぶ中選挙区制は政治家でも政党でも選ぶことができ、国民の感覚に合っているように思う。

現在の選挙制度は「政権交代可能な選挙制度」「政策で争う選挙制度」「金がかからない選挙制度」などを目指して創設された。はたして、この目標に向かって進んでいるだろうか。答えは「NO」だ。だとすれば、原点に返るべきではないか。

「過ちては改むるに憚ることなかれ」である。

小選挙区制は「政治劣化」の元凶（令和5・3・9）

各党協議会は党利党略を離れて議論を

「政治の劣化」が叫ばれて久しい。筆者は、その元凶は現行の選挙制度にあると見ている。そもそも「政治改革」と称して、無理やり小選挙区制を中心とする選挙制度を導入したことに誤りがあった。施行後二五年以上を経て、その矛盾や問題点は、参議院や地方議会を含め、政界全体に悪影響を及ぼしていると言って過言ではない。

こうした中、自民、公明、立憲民主、日本維新の会、国民民主、共産の六党は三月一日、二回目の衆院選挙制度協議会を開き、現行の小選挙区比例代表並立制について検証し、報告書を年内にまとめることで一致した。

同協議会に対しては、各党の思惑が交錯し、結論を得るのは難しいとの見方がもっぱらだ。しかし、これ以上、矛盾の多い選挙制度を続けることは国民の政治不信を増大させ、わが国の民主主義を危機に陥れる可能性すらある。各党は党利党略を離れ、議論を深めるべきだ。

昨年の「一〇増一〇減」法案審議の際には、いわゆる「一票の格差」是正のため、国政調査ごとに選挙区変更することへの疑問が多く出された。確かに、選挙のたびに選挙区が変わり、なじみのない候補者を選ばされるのでは有権者が戸惑うのは当然だ。

また、人口減少によって広大な面積を持つ「小選挙区」が出現する一方、人口増によって市議会議員よりも小さな選挙区に縮小される大都市部の問題も指摘された。さらに、かねて小選挙区選挙で落選した議員が比例代表で復活する「重複立候補」制に対する疑問や、いわゆる「多くの死票が発生する」ことにも不満が強い。

これらの問題はすべて小選挙区制中心の制度に起因している。だとすれば、中選挙区制に戻すのが最も有効な解決策ではないか。「一票の格差」に対しても、中選挙区制によって選挙区が大きくなり、定数配分も含めて調整できるようになれば、区割り変更しなければならないことも減ってくる。

「比例代表制中心の選挙にすればいい」との意見もあるが、反対である。比例代表制が機能するには、比例名簿を提出する政党がしっかりしていなくてはならない。しかし、結成したり、分裂したり、党内ガバナンスが不透明な政党が多々存在する中で、小選挙区制以上に政党が前面に立つ制度は一層の政治不信を招くことになりかねない。

その点、各政党が公認・推薦した候補者を選ぶ中選挙区制は、「政治家」でも「政党」でも選ぶことができ、国民の選択肢は広い。中選挙区制は「政治改革」騒動の際に散々に批判された。しかし、小選挙区制に比べて優れている点は多く、何よりわが国の政治風土に合致している。再評価すべきだ。

政権交代に執念の小沢一郎氏（令和5・8・3）
瓦解繰り返した構想の矛盾自覚を

立憲民主党の小沢一郎衆院議員らが設立した「野党候補の一本化で政権交代を実現する有志の会」が七月二四日、国会内で初会合を開いた。この中で小沢氏は「野党が候補者を統一しさえすれば、自公の候補に負けないのが現実であり、国民の願いだ」と述べ、野党の共闘態勢を整える必要性を強調した。

小沢氏は、「政権交代可能な二大政党制」が持論だ。そのために選挙制度を中選挙区制から小選挙区比例代表並立制に変え、自らも自民党を飛び出して、自民党に代わる政権の受け皿づくりに奔走してきた。

政治改革が議論されていた当時、小選挙区中心の選挙制度になれば、二大政党制に向かうのは必然だと思われていた。

しかし、現実は違った。二大政党制どころか、中選挙区制時代にも増して「自民党一強」

体制が強まり、野党は小党に分立して「多弱」状態となってしまった。

筆者は選挙制度改革によって「政権交代可能な二大政党制」を実現するという試みは、最初から間違っていたと考えている。

小選挙区制は二大政党制の政治風土のなかではじめて機能する選挙制度であって、小選挙区制によって二大政党制を実現しようとするのは本末転倒と言わざるを得ない。政権交代の受け皿がなければ「政権選択を」と言われても、国民は選択のしようがない。それが行き先のない不満となって政治的分断を加速させているように思える。

それに「政権交代可能な政党」というからには、政権を獲得して何をするのかが明確になっていなくてはならない。

ところが、「自民党政治に反対」という点では一致できても、自民党の何を、どのように変えるかについては、野党各党バラバラだ。それを放置して単に選挙協力を行っても、野党統一候補として共通して訴える内容がないではないか。

小沢氏は二回にわたって自民党から政権を奪取した実績を持つ。

最初は選挙制度改革前だったが、細川護熙氏を首班とする連立政権を成立させた。しかし、政権運営をめぐって連立内の対立が先鋭化、わずか一〇カ月で終わった。

二回目は平成二一年に成立した民主党政権。しかし、外交・安全保障政策や財政政策をめぐって連立離脱や離党者が相次ぎ、三年余で野党に転落した。

自民党政治への不満をあおるところまでは成功しても、その先が続かないのである。

小沢氏もすでに八一歳。このままでは「死んでも死にきれない」との思いなのかもしれない。その執念には、正直、頭が下がる。

しかし、仮に野党選挙協力が実現したとしても、これまで同様、何も生み出すことなく瓦解するのは目に見えている。そろそろ政治改革と称する選挙制度改革の誤りを自覚すべきだろう。

「政党を選ぶ」制度の帰結（令和5・8・10）
「人」を選んでいないから政治家劣化が進む

秋にも予想される解散・総選挙に向け、各党が候補者擁立作業を加速させている。特に一五〇人以上の擁立を目指す立民党と野党第一党を目指す維新の候補者選定はこれからが本番というところだろう。

近年、各党が候補者リクルートの手法として取り入れているのは「公募」だ。しかし、幅広い人材を登用できるメリットが強調される半面、人材をどのようにチェックするかなど課題も多い。

やり方は各党それぞれだが、経歴などを記載した書類と論文の審査を経て、面接を行う流れはほぼ共通している。しかし、何度面接をしたところで、それによって知ることができる人物像はたかが知れている。

政治家としての能力や才能は実際に活動をしてみないと判断できない部分が多い。結局、どのような人物か確信のないまま、外形的な経歴やルックスで選定しているのが現実ではないか。

なかには党候補者として任命したものの、その後、適性を欠くことが判明し、取り消される例もある。公募制度自体は否定しないが、運用改善の余地は大きいといえるだろう。

現在の選挙制度になってから、新人の候補者が地元活動を経て立候補するケースが少なくなった。政党の候補者として決定されない限り、政治資金を集めることができず、個人後援会を組織するなどの事前活動が事実上できないからだ。

有権者の側から見れば、選挙の直前に、政党が一方的に決めた見ず知らずの候補者のなかから、パンフレットやインターネットなどの限られた情報を頼りに、短期間で誰に投票するかを決めなくてはならない。

結果的にメディア報道が大きな比重を占めるようになり、その論調に影響を受けやすい制度ともいえるのである。

中選挙区制時代は違った。地方議員経験者であれ、官僚の「落下傘候補」であれ、「二世」

であれ、立候補したい人は「地盤培養」活動として一定の地元活動が不可欠だった。その過程で有権者が直接、候補者を評価することもできた。党本部も地元活動の成果がない候補者はそもそも選定の対象にしなかった。現在よりもよほど自信をもって「公認」していたのではないか。

近年、政治家の質の低下が指摘されている。筆者は、その原因を「人（候補者）ではなく、政党を選ぶ選挙」と言われる現在の選挙制度にあると考えている。人で選んでいないのだから質が落ちるのは当然の成り行きだ。

では、「人」に代わって選ばれる政党が有権者の思いに応えているかというと、こちらもそうはなっていない。これでは有権者の不満はたまるばかりだ。

これは民主主義の危機といっていい。やはり「人を選ぶ」選挙制度に戻すしかないだろう。

選挙制度改革は「想定どおりに機能している」?（令和5・8・31）

佐々木毅氏の見解に異議あり

一カ月以上も前の話になるが、現在の選挙制度を主唱した元東京大学総長の佐々木毅氏が去る七月二四日、与野党実務者で構成される衆院選挙制度協議会に出席し、現在の選挙制度について「想定どおりに機能している」との見解を示したという。

いったいどこを見たら、そんな評価になるのだろう。

小選挙区制中心の選挙制度を導入したのは「政治は多数派の意思によって行われるべきだ」との理念からだ。小選挙区制は得票率五一％と四九％の僅差であっても、五一％の方に議席を与えて、四九％の方には与えない。多数派の声を強く反映させる制度といえる。

もう一つの理由は、「政党中心の選挙」の実現だ。小選挙区制の当選者は中選挙区制と違って一人だけだ。したがって政党は同じ選挙区で一人しか擁立せず、候補者は政党を代表して戦うことになる。その結果、政党間の政策の違いが争点となり、「政策中心の選挙」

にもつながるといわれた。

また、当時、「しっぽが犬を振る」というたとえ話を用いて、さかんに連立政治の欠点が議論された。連立を維持するためには、多数議席を持つ政党であっても、共に連立を組む少数政党に配慮せざるを得なくなる。

その結果、体の一部分でしかない「しっぽ＝少数政党」が、本体の「犬＝多数政党」を振り回す結果になってしまうという意味だ。

連立政治は一党だけで過半数を得られなかった場合に出現する。したがって、多数派が過半数を得やすい小選挙区制にすれば、こうした事態は起こりにくい。さらに、小選挙区で勝利できない小政党は淘汰され、やがて、「政権交代可能な二大政党制」に移行していくという想定もあった。

しかし、現実は違った。二大政党だけで吸収できない民意がある以上、無理やりまとめようとしても政策や理念の違いを乗り越えることができない。これが、二大政党制が実現しない根本的な原因だ。選挙制度だけで二大政党制が実現するというのは幻想でしかなかったといえる。

一方、多党制が温存された中、一党だけで小選挙区で勝つことは難しい。これをクリアするため、政党は無原則な合従連衡に走らざるをえない。これでは政党間の政策を競う選挙にはなりにくい。また、ポピュリズムにも脆弱で、一時のブームに流されやすい。「一強」といわれる自民党も同様だ。

筆者は、ＬＧＢＴ理解増進法が、維新、国民両党案に自民党が乗る形で成立してしまったのも、こうしたメカニズムが背景ではないかと思う。まさに、改革趣旨とは正反対の「しっぽが犬をふる」状況とはいえないだろうか。

どう考えても、佐々木氏の分析のように選挙制度改革が「想定通り」に動いているようには思えない。

拙速な「政治資金改革」は避けるべき（令和5・12・21）

政治活動しない政治家がはびこる改革は本末転倒

自民党の派閥政治資金パーティーをめぐる問題を受け、岸田首相は政治資金改革に意欲を示している。当然だと思う。

ただ、この問題は「疑惑」段階からようやく「捜査」段階に入ったにすぎず、事件の全容は依然として不透明だ。もちろん、政治資金収支報告書への不記載、虚偽記載は問われるとしても、それだけならば、「現行の法令を守ればよい」という話で終わる。しかし、それだけでは多分、済まないのだろう。やはり、ある程度の捜査の進展を見なければ本格的な改革案は見いだせないと考えておくべきではないか。

岸田首相とすれば、早急に国民の不信を払拭し、苦境を脱したいところだろうが、ここは拙速を避けて、腰を落ち着けて様々な意見に耳を傾けるところからスタートすべきではないか。

政治資金改革の議論にあたり、二つの視点を提起したい。

一つは、「カネのかかる政治からの脱却」を目指すあまり、「政治活動をしない政治家」がはびこるような政治資金制度にしてはならないということだ。

政治資金は政治活動のためにある。政治活動をしない政治家にとって政治資金は必要ない。では、政治活動をしない政治家は政治家といえるのか。

かつて、「カネのかかる選挙運動はしない」といって、選挙期間中、街頭活動などをしなかった候補者がいた。確かにカネはかからないかもしれないが、はたして国民はそんな政治家が増えることを望んでいるのだろうか。

二つ目は政党助成金についてだ。繰り返される政治資金問題に辟易するあまり、「政党助成金以外の政治資金を禁止すべき」との意見もあるが、これ以上、国庫から交付される政党助成金の比重を大きくする改革には断固反対したい。

政党の運営経費は党員・支持者によって賄われるべきで、政党助成金はあくまで「助成」の範囲にとどめられるべきだ。政党が議員数や得票率で算定される政党助成金で運営されるようになれば、党員・支持者の声より、世論調査上の「国民の声」や目先の選挙対策に流されてしまう傾向が強くなるのではないか。

筆者は、ＬＧＴＢ理解増進法が日本維新の会、国民民主党の提案に乗る形で自民党が賛成し、成立してしまったのは、その象徴ではないかと推測している。今や、「一強」の自民党ですら、世論調査で一定の支持があり、各党が賛成する法案には一党で抵抗する力を持ち合わせなくなってしまったということだ。

疑惑が持たれる集め方や使い方が問題なのであって、政治資金そのものを否定するのは本末転倒だ。

「角を矯めて牛を殺す」ような愚をおかしてはならない。

いくら以内なら「金のかからない政治」なのか（令和6・5・9）

根拠も裏付けのない印象論・感情論では改革につながらず

「政治にカネがかかり過ぎる」として政治資金の抜本改革を求める声が強い。では、「カネのかからない政治」とは、いったい「何万円以内」のことなのか。しかし、これを議論するためには、現状、政治家は政治活動にどれくらいの「カネ」をかけているのかについても知らなければならない。

ところが、こうした基本的な事実関係について、これまで十分な調査や研究はほとんど行われてこなかったのが実態である。

何のエビデンス（根拠も裏付け）もなく、印象論、感情論でいくら議論しても本当の改革にはつながらない。拙速な改革は、「角を矯めて牛を殺す」愚を犯すことになりかねない。

しかし、今の自民党には苦境を脱するためなら禁じ手も厭わない危うさがある。もしかすると、合理的な議論抜きで「政治決断」してしまうのではないかと心配している。

実は、自民党には「前科」がある。いわゆる「平成の政治改革」の時がそうだった。それまでの自民党は小選挙区制導入には、むしろ慎重だった。ところが、リクルート事件など相次ぐ不祥事に追い詰められ、「それくらいのことをしなければ、国民の理解は得られない」とばかりに飛びついたのが小選挙区制導入を柱とする、いわゆる「政治改革」だった。

しかし、改革から三〇年以上を経ても、いっこうに成果は上がらない。それどころか、弊害の方が大きくなっているといっていい。

その原因は、政党が成熟していないにもかかわらず、「政党中心の選挙制度」を無理やり導入したことにある。

改革の大前提が間違っているのだから、うまくいかないのは当然だ。政党組織が未熟だから小選挙区制になっても候補者中心の選挙は変らない。

自前で資金を調達して後援会を組織し、私設秘書を雇い、日常の政治活動を行っているのは中選挙区時代と同じだ。したがって、「政治とカネ」の問題も解決しない。

「政党がもっと努力して政党中心の選挙を実現すべき」との意見もある。しかし、政党とて、制度のタテマエと現実の狭間で四苦八苦しているのが実態である。理念の違う政党どうしが連立したり、選挙協力したりしなければならないのも、一議席を争う小選挙区で勝利するための「苦肉の策」といえる。

「政党中心」どころか、政党を隔てる壁を棄損しているのが現在の選挙制度といえる。要するに生煮えの議論のまま、世論に押されて「改革断行」を急いでしまったところに問題の根本がある。

同じ間違いを繰り返してはならないと私は思う。政治資金改革の議論はもっと冷静に、事実関係を踏まえた幅広い議論を行うべきだ。

付け焼刃的な議論で拙速な結論を求めることには慎重であるべきである。

「つばさの党」事件への法的対応急げ（令和6・5・23）
一般聴衆の行き過ぎた野次・妨害にも対応を

四月に行われた衆院東京一五区補欠選挙で、政治団体「つばさの党」の候補者とその陣営が、他候補の街頭演説に出向き拡声器で「クズ」「売国奴」などと大声を出すなどの妨害を行った事件を契機に、公職選挙法改正問題が急浮上している。

この団体は、ほかにもクラクションを鳴らした威嚇や、選挙カーを執拗《しつよう》に追い回すなどの危険行為を行ったとされる。つばさの党代表は「表現の自由の中で適法にやっている」と主張しているが、このような行為が憲法や法律が認めるものでないことは明らかだ。

これを受け、自民党の茂木敏充幹事長は「必要な法改正をやっていきたい」と述べた。日本維新の会も自由妨害罪の適用基準の明確化を含む公選法改正案のたたき台を発表し、国民民主党と共同提出に向けた協議を始めた。

当然である。警視庁は一七日、つばさの党代表らを公職選挙法違反（選挙の自由妨害）

容疑で逮捕したが、同様のことは再び起こり得る。
一部には、「政治的意見の表明と選挙妨害に相当する行為の線引きは難しい」「まずは現行法の的確な運用にとどめるべきだ」として法改正に慎重な意見があるが、本末転倒の議論だ。このような事例が出てきた以上、取り締まりの法的根拠をきちんと整備した方が、権力の乱用を防ぐことになる。

また、今回の事例は候補者を擁する陣営間の問題だが、一般聴衆であっても、行き過ぎた野次《ヤジ》や妨害行為は取り締まれるようにした方がよい。

筆者は二〇一七年の都議選最終日、当時の安倍晋三首相の街頭演説の正面に陣取り、横断幕やプラカードを掲げながら「安倍辞めろ」と叫び続ける聴衆を現場で目撃した経験を持つ。

その声で、安倍首相の演説はかき消され、集まった聴衆は不快感だけでなく、恐怖すら感じていた。これも、紛れもなく「選挙妨害」であって、「自由な政治的な意思表明」の範囲を超えている。

筆者は、選挙は自らの代表を選ぶためのもので、ある候補者を「当選させない」ための運動は〝邪道〟だと思う。

つばさの党の行為は、自らの候補の当選を図るためというより、相手候補の落選などを意図しているといえる。

「〝安倍辞めろ〟隊」も同じだ。安倍氏に「反対」であれば、自らと同様の主張を掲げている候補者の当選を期すために運動すべきであって、わざわざ、安倍首相の演説会場に押しかけるのは控えるべきだ。

このような事態を放置しておくことは民主主義にとって良いこととは思えない。選挙において健全な議論が行える環境が確保できるよう、与野党が協力して、早急に法的な措置を講ずべきである。

「政党中心」の制度が新陳代謝を阻害（令和6・5・30）
出たい人が手を上げられる制度に

近年、政治家の質の低下が指摘されている。筆者は、現在の政治資金制度が大きな要因ではないかと考えている。

結論からいえば、政党中心の選挙制度の導入に合わせて、政治資金制度も政党中心に改めた結果、政治家個人としての活動が縛られ、新しい人材が挑戦しにくくなっているということだ。

中選挙区時代、国政に挑戦しようとする者は政党の公認決定前から地元で政治活動を開始するのが常だった。しかし、現在はそうした候補者はほとんどいない。政治家個人として政治資金を集める道が細くなり、公認を得ない限り活動資金を調達できなくなったからだ。

これにより、自ら支持者や資金を集めて現職議員に挑戦することはほぼ不可能になったといっていい。

また、新制度導入以降、与野党問わず二世議員が増えてきたのも、こうした構図が原因だ。

中選挙区時代、ある議員が引退した際、二世候補と次の選挙を期して活動してきた新人候補が争い、二世候補が負けてしまうことは、よくあった話だ。ところが、現在は、地元で活動する新人候補がいないため、ほぼ自動的に二世候補が公認される。

各党とも、一応、公募制度を導入している。しかし、引退表明は選挙直前であることが多く、わずかな準備期間で選挙戦に対応しなければならない。結局、スタッフや選挙ノウハウを引き継げる二世候補に白羽の矢を立ててしまうケースがほとんどだ。

さらに、中選挙区時代、立派な肩書や親の七光りを持つ二世であっても、立候補に至らずにリタイヤすることがしばしば起きた。実際に政治活動をすれば、政治家としての力量が見えてくる。その過程で政治能力や人間性に問題があることが判明し、支持が広がらなかったからだ。

政党もそうした実績を考慮して最終的に公認を決めた。いわば、地元有権者が公認決定の「事前審査」機能を担っていたともいえる。選挙直前に公認された新人候補の真贋を、短い選挙期間中に判断しなければならない現在とは大違いだ。

筆者は立候補したい人は誰でも手を上げられる制度が良いと思う。その中の誰を選ぶかは有権者の判断だ。選択肢は広い方が良い。

ところが、小選挙区制中心の制度になって、政党があらかじめ選定した候補しか立候補できなくなった。政治資金も「政党中心」になり、候補者選考の段階でも競争原理が働かなくなってしまった。これが新陳代謝を阻み、人材を枯渇させる要因となっているのではないか。

要するに、政党が未熟にもかかわらず、「政党中心」の選挙制度や政治資金制度を無理やり導入したことに問題の根本があるということだ。

政治資金の抜本改革をやるのであれば、こうした問題も議論すべきだと思う。

拉致被害者救出に向けて（令和4・10・27）

国内外の世論喚起を強めよ

拉致被害者家族会と支援団体が一〇月二三日に開いた集会に出席した。この集会には岸田文雄首相も出席し、拉致被害者の帰国がいまだ実現していないことを「痛恨の極み」と表現した。そのうえで、自らが先頭に立ち、「政府を挙げて全力で取り組んでいく」との決意を示した。

新潟市内で横田めぐみさんが（五七）＝当時（一三）＝が拉致されてから一一月一五日で四四年。北朝鮮による拉致被害者五人が帰国してから一〇月一五日で二〇年が経過した。あまりにも長く重い歳月である。被害者の親で健在なのは、めぐみさんの母・早紀江さん、有本恵子さんの父・明弘さんだけとなった。救出までに被害者家族に残された時間は少なくなってきている。横田早紀江さんは「いつまでたっても解決しない。言いようのない、いらだちを強く感じる。むなしく、地獄の苦しみを味わっている」と語っている。

この問題が解決しないまま今日に至っていることは、日本人一人ひとりにとっても「痛恨の極み」にほかならない。全ての国民が被害者と家族の悲しみに寄り添い、共有しなければならないと改めて痛感した。


一方、この問題に関する世論の関心は一時期に比べ低調になっているのではないかと心配している。この日の集会についても主要紙で大きく取り上げたのは産経新聞だけだった。こんなことでいいのか。

この問題を進展させるためには、世論の盛り上がりが不可欠だ。世論の後押しがなければ、政府が国際社会に対して訴える力も減じてしまう。政府、国会、新聞・テレビなどメディアが連携し、世論喚起に一層の努力を行わなければならない。また、内閣府の調査では、二〇歳代以下の拉致事件への関心が低いという。小中高生に対して授業で取り上げるなど、もっと積極的な世論喚起の活動が必要ではないか。

日本の世論は目前の問題には一気に関心が高まるが、継続的な課題に対しては興味を示さない傾向がある。「風化」の速度が速いのである。しかし、この問題はけっして「風化」させてはならない。

もちろん、この問題を進展させることができなかったのは政府の責任だ。しかし、相手は民生を顧みずミサイルや核開発に多額の国家予算をつぎ込む国家だ。岸田首相は無条件で金正恩総書記と会談する意向を示しているが、北朝鮮は何らの反応を示していない。

この壁を破るのは容易ではない。八年七カ月の長期政権を担った安倍晋三元首相でさえ実現できなかった。それでも、あらゆる機会をとらえて国際社会の世論を喚起し、首脳会談の糸口を探っていく必要がある。

岸田首相のさらなる努力を改めて要望するとともに、それを後押しする世論形成を改めて強調したい。

首相党首らの伊勢神宮参拝（令和5・1・12）
「良き風習」として今後も大切に

岸田文雄首相は一月四日、伊勢神宮の外宮と内宮を参拝した。その後、神宮司庁で年頭の記者会見に臨み、今年の優先課題として、「異次元の少子化対策」と「インフレ（物価上昇）率を超える賃上げ」の実現に取り組む考えを表明。また、九日からフランス、イタリア、英国、カナダ、さらに米国を訪問してバイデン大統領と会談することも発表した。岸田首相に先立って立憲民主党の泉健太代表、国民民主党の玉木雄一郎代表も同日、相次いで伊勢神宮を参拝した。参拝後の記者会見で、泉代表は日本維新の会との共闘に意欲を示し、玉木代表は「政策を実現のため与野党を超えて連携していく」と述べた。

これをもって、いよいよ令和五年の政局がスタートするといっていいだろう。

ところで、首相をはじめ与野党の政治家が新年、伊勢神宮に参拝するのはなぜか。

伊勢神宮には皇室の祖先とされる天照大神が祀られている。参拝は「仕事始め」の日に天照大神に対して、国家安寧と国民の幸福を祈ることが目的である。

憲法の「政教分離の原則」との兼ね合いから問題視するむきもあるが、社会通念上、参拝が特段の宗教的意義をもつ行為ではなく、特定宗教を援助、助長するものでないことは明らかだ。ちなみに、同日の参拝者は五七二九五人（内宮三九九八四人・外宮一七三一一人）。これら一般の参拝者にとっても同様の感覚ではないか。

伊勢神宮に戦後、初めて首相として参拝したのは、昭和三〇（一九五五）年一月五日の鳩山一郎首相。その後、しばらく途絶えていたが、佐藤栄作首相が昭和四〇（一九六五）年一月四日に参拝し、さらに翌々年の昭和四二（一九六七）年一月四日に参拝して以降、首相による年初の参拝が定着した。

民主党政権時代も鳩山由紀夫、菅直人、野田佳彦の三首相が参拝している。例外は体調不良による平成七年（一九九五）の村山富市首相と令和三年（二〇二一）の新型コロナ感染症拡大のため中止した菅義偉首相の二人のみである。

自民党は野党時代も谷垣禎一総裁が参拝。民進党の蓮舫代表や民主党分裂後の「希望の党」玉木雄一郎共同代表、立憲民主党の枝野幸男代表も野党党首として参拝している。

政治家が権謀術数、駆け引きの限りを繰り広げるのは当然だ。しかし、そこには「国家・国民」の視点を忘れてはならない。そうでなければ個人の欲望を満たすためだけの権力闘争となってしまう。

その意味で、与野党の有力者たちが伊勢神宮に参拝し、清らかな気持ちでその原点を確認することは有意義であり、今後も大切にしていくべき美風ではないか、と考える。

首相の靖国神社参拝（令和5・8・17）
国内議論を熟成することが重要

「終戦の日」の八月一五日、靖国神社には多くの参拝者が訪れた。「靖国神社は戦争を美化し、国民を戦争に駆り立ててきた」との批判があるが、筆者はそうは思わない。

先の大戦（大東亜戦争）について様々な議論があることは否定しない。しかし、そのことと戦没者の追悼・慰霊は別問題だ。今日の平和と繁栄は戦没者の尊い犠牲の上に成り立っている。そう思う多くの国民が靖国神社を参拝するのは自然な姿だと思う。

しかし、そうした自然な気持ちを発露することを、事実上、禁じられている人がいる。わが国の首相たる「内閣総理大臣」だ。

かつて、首相の靖国神社参拝は、現行の憲法が施行された後も、例大祭を中心に普通に行われていたし、国際的にも問題にならなかった。それが政治問題化するのは、三木武夫元首相が昭和四八年八月一五日に参拝した際、「私人としての参拝」を強調してからだ。以後、参拝の都度、「私人か、公人か」が問われるようになったが、それでも福田赳夫、大平正芳、鈴木善幸の各首相は例大祭だけでなく終戦の日にも靖国神社に参拝した。

これを打ち壊したのが中曽根康弘首相による昭和六〇年八月一五日の「公式参拝」だった。なぜ、「公式参拝」にこだわったのかといえば、中曽根氏が掲げる「戦後政治の総決算」の象徴として、この問題を位置づけたからだ。しかし、そのやり方は乱暴だった。

中曽根氏は神道形式を無視した形で参拝を強行し、そのうえ神道としてありえない「A級戦犯分祀」をするよう靖国神社に圧力をかけた。これ以降、中曽根氏自身も含め、平成八年の橋本龍太郎首相まで首相参拝が途絶えた。中国がことさらに批判するようになったのもこの時からだ。

筆者は首相の靖国神社参拝は行われるべきだと考えている。しかし、政治的なパフォーマンスで参拝するのは、やめてほしいと思う。そんな参拝は戦没者を低いレベルの政争に巻き込むだけだ。靖国神社や遺族たちも決して望んでいないのではないか。

そのためには、外交的な問題もあるが、それ以上に重要なのは国内の議論を熟成することだ。国内論議の乱れが内政干渉ともいえる外国の容喙《ようかい》を生む原因だと考えるからだ。

筆者は社会的儀礼の範囲内の玉ぐし料の奉納や首相参拝が、信教の自由を侵すものだとは思わない。また、いわゆる「A級戦犯合祀」問題も、昭和二八年の国会決議で戦犯受刑者の遺族も一般の戦死者の遺族と同等の扱いとなったことを受けたものだ。

政府も「東京裁判によって下された刑はわが国の国内法に基づいて言い渡された刑ではない」との立場をとっている。

戦後七八年、そろそろ首相が静かに靖国神社参拝を行える環境を再構築すべきではないか。

あとがき

中曽根康弘元首相は「政治家は歴史法廷の被告人」と述べた。ならば、政治評論家やジャーナリストは「歴史の記録人」かもしれない、と思う時がある。過去の政治を考えるとき、当時の政治評論を一緒に解析することは歴史学の世界の常道だ。政治家の言動を分析するだけでは見えないものが、当時の政治評論と一緒に解析すると見えてくるものがあるからだ。

もちろん、拙稿がそのような大層なものでないことはよく承知をしている。ただ、仮にそのように使われても支障がないよう、可能な限りの努力をしなければならないと思っている。

本書に収めたコラムで岸田政権や与党、とりわけ自民党に関するテーマが多くなってしまったのは、やはり、時の権力者には言いたいことがたくさんあったからだ。岸田政権や政局運営、自民党に関するものを合わせ三〇回にのぼった。

野党についても積極的に論じた。野党が強くなれないのはメディアが野党批判をしないことに原因しているとの思いがある。

批判されないから強くならない。批判される自民党ばかりが強くなる。それが「一強（多弱）」体制だ。

野党第一党の立憲民主党へのものが一番多く一〇回、次いで昨年の地方選で躍進した日本維新の会について論じたものが四回となった。

現行の選挙制度の問題点については、最も訴えたかった部分である。制度の建前と現実のギャップが激しく、政治家も政党も、そして有権者もその矛盾に苦しんでいる。今年になって政治資金の問題が盛んに議論されたが、政治資金制度の問題点も本質は同じだ。要するに「政治改革は間違いだった」というのが筆者の主張である。

最後に、本書出版にあたりご協力をいただいた方にお礼申し上げたい。

まず、コラム執筆にあたっては様々な方から情報や分析をご教示いただいた。こうした方々の協力なしに、毎週の締め切りに原稿をまとめることは不可能だったろう。

また、本書への転載を快く承知いただいた『夕刊フジ』の矢野将史編集長、週刊『世界と日本』の発行・編集人の紺田康夫氏に感謝申し上げる。

本書の出版をご快諾いただいたＫＫロングセラーズさんには大変お世話になった。厚くお礼申し上げたい。

伊藤達美

日本の「政治改革」はどうあるべきか

著　者　　伊藤 達美
発行者　　真船 壮介
発行所　　KK ロングセラーズ
　　　　　東京都新宿区高田馬場4-4-18　〒169-0075
　　　　　電話（03）5937-6803（代）
　　　　　http//www.kklong.co.jp

印刷・製本　中央精版印刷(株)

ISBN978-4-8454-2539-6 C0031 Printed In Japan 2024